パラレル・ワールド移動メソッド

ゼロポイントマジック

1分で人生が変わる

Zero Point Magic

橋本 陽輔

VOICE

はじめに

1分で人生は変わる！

　今日、あなたにお会いできたのは偶然ではありません。

　この本をあなたに届けるために、今までずっと待っていました。

　数ある書籍の中で本書を手にとっていただき、誠にありがとうございます。

　もしかしたらあなたは、次のようなことを感じながら、今まで悩まれていたかもしれません。

「いつも過去にあった嫌な出来事を思い出してつらい……」

はじめに

「イヤと本音が言えなくて、つい他人に
振り回されてしまう……」

「このままの人生で本当にいいのかと、
ネガティブな気持ちに囚われる……」

「"ありがとう"を繰り返し唱えているけど、
ツイてる感じがしない……」

「"ありのまま"の自分で生きられていない
気がする……」

　じつは、この悩みの根源は、「過去に原因がある」という考え方にあることを、あるときわたしは発見しました。

　今までの問題解決モデルは、過去・現在・未来を結ぶ直線的な時間の過去原因論でした。

　この一見すると、悩みとはまったく関係なさそうな過去原因論こそが悩みを生み出す根源だったのです。

そして、この発見以来、この過去原因論を脱却する方法論を模索し体系化したのが、本書でご紹介するゼロポイント・アプローチです。

2008年に体系化が完成して以降、一般向けの講座を10年以上にわたって開催してきました。

本書は、この一般向けの講座の内容をわかりやすくまとめたもので、今日から実践できるものばかりです。

実際に、わたしが本書の内容をお伝えし、成果を出された方々がたくさんおられます。今も続々と実践のご報告が届いています。

その一部をご紹介します。

200万円ほどの広告の詐欺にあいました。考えうる手段をすべて行っても相手とは音信不通状態が3ヶ月続き、途方にくれていました。その当時のわたしが無理やりしたことは、「いい勉強代だった」とポジティブに考えることでした。しかしどうしても腹の底からの

怒りは抑えられないでいました。そんなときにゼロポイント・アプローチに出会いました。無理やりしていたポジティブシンキングをやめて怒りが消え、心が穏やかに変化しました。その状態で相手に連絡をしたら、すぐに謝罪の返事がきて返金してもらえることになりました。まさに「魔法！奇跡が起きた！」と感極まりました。その後も嫌なことや理不尽なことや問題が起きたときには、すぐ実践することで軽々と解決ができるようになったのですごく感謝しています。

（30代　起業家　男性）

2019年1月初旬、間質性肺炎（かんしつせい）を患っていた父が風邪をこじらせ、医師からは「間質性肺炎の急性増悪という一番恐れていた状態にあります」と告げられました。さらに、「自宅に戻って生活できる可能性は30％」「治療が効かない場合は3週間でダウンです」と伝えられ、その最後通牒（つうちょう）のような言葉に、わたしと家族は失意のどん底へと叩き落された気持ちになりました。そんな時、頭に浮かんだのがゼロポイント・アプローチでした。そこでダメで元々と父を説得し、ゼロポイント・アプローチを活用しました。すると、今までの一進一退の

状況から、少しずつ快復の兆しがみえてきたのです！

　今まで最大で5Lの酸素ボンベじゃないといけない状況が、その日から4L、3Lと徐々に酸素ボンベの量を減らすことができ、先日は、「酸素ボンベ無しで生活できるようになりそうですよ」と言われるまでになりました。通常、今回の憎悪のレベルまでくると酸素ボンベは手放せなくなるのが、入院前の肺の状態にまで戻り、先生も大変驚かれています。

　これまで一番辛い精神状態の時にゼロポイント・アプローチを実践できたことで、父も家族も「今の状態を乗り越えられる」という安心した気持ちで過ごすことができました。ゼロポイント・アプローチにはつらいときに心を軽やかにする効果があると感じています。本当にありがとうございました。これからもずっとゼロポイント・アプローチを実践していきます！

（40代　サラリーマン　男性）

　人付き合いが苦手な専業主婦でした。煩わしい人間関係に身を置くくらいなら、一人でいた方がよっぽど

マシだと思い、子どもが小さいこともあり、家にいる時間が圧倒的に多かったです。けれども、じつはどこかで寂しさも感じていました。そんなときに、ゼロポイント・アプローチに出会いました。小さい子どもがいても、わたしは自分の楽しさにフォーカスしていい。そのことが真に腑に落ち、実際に好きなことをはじめていくと、みるみる対人関係が好転していきました。自分が「本当は人と接することが大好き」だったことを思い出せたのです。今では協力的な家族のサポートのもと、夢だったカウンセリング業も始めることができました。ゼロポイント・アプローチなくして、今の豊かな人間関係は築けなかったでしょう。本当に感謝しています。

（30代　主婦　女性）

　子どもとの接し方や夫との関係について悩んでいました。特に年頃の息子には「わたしのようなダメな人間になってはいけない」との思いから、キツく当たることが多くなっていました。いつの間にか、子どもに対する態度は、わたし自身が大嫌いな父親からされて恨みに思っていた態度とそっくりなことに気付き愕然

としました。

　とはいえ、今さら父親を許すことなんてできないと苦しんでいるときに、ゼロポイント・アプローチを友人から教えてもらいました。ゼロポイント・アプローチを実践していると、誰かを裁こうとする心がなくなっていくのがとても不思議でした。その後、わたしの方から父親に和解の歩みよりをし、長年の恨みがきれいさっぱり解消したときの感動は表現しきれません。おかげさまで、今は息子や夫との関係も良好です。崩壊しかけていた家族の絆を救ってくれたゼロポイント・アプローチには感謝しかありません。

（40代　主婦　女性）

　このようにゼロポイント・アプローチは、人生のお金・健康・人間関係のすべての側面で実際に役立つ方法論です。

　またゼロポイント・アプローチは人生を「遊び」として、「今・わたし・楽しい」で生きるための人生哲学でもあります。

はじめに

　今まで過去にとらわれ過ぎて問題の無限ループにはまってきた方も、このゼロポイント・アプローチを学ぶことで「今」という「一点」を活用できるようになり、今まで以上に早く、そして安全に問題を解決できるようになります。

　本書はゼロポイント・アプローチのエッセンスを随所に詰め込みました。

　今日から実践できる簡単なエクササイズばかりです。

　各エクササイズの時間は１分もかかりません。

 つまり１分あれば、あなたも人生を変えることができるのです。

　ぜひ新たな時代の意識の転換法として、ゼロポイント・アプローチをあなたの生活でお役立てください。

　では、さっそくゼロポイント・アプローチについてお話しましょう。

橋本陽輔

Contents

はじめに …………… 2

第1章
誰もが幸せを探している

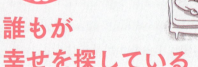

なぜ幸せになれないの？ ………… 16

CASE 1 「ありがとう」を唱える ………… 18

CASE 2 ポジティブシンキング ………… 22

CASE 3 「なりたい自分」を"現在完了形"で
アファメーションする ………… 28

CASE 4 ありのままでいい ………… 32

CASE 5 インナーチャイルドのワーク ………… 38

CASE 6 前世療法・過去生セラピー ………… 44

1分であなたは変われる！ ………… 62

第2章

パラレル・ワールド移動メソッド「ゼロポイント・アプローチ」とは？

- ●理想のパラレル・ワールドに瞬間移動する「ゼロポイント・アプローチ」って何？ ………… 66
- ●この世界は二元論が支配している ………… 69
- ●「ユニバース(ひとつの宇宙)」の考え方で生きると苦しい!? ………… 73
- ●一人ひとりがそれぞれの宇宙という「マルチバース」の考え方 … 78
- ●あなたがいる周波数帯で世界は変わる ………… 84
- ●波を描くようにアップ&ダウンするOLのA子さんの1日 …… 91
- ●誰もが「ゆらぎの法則」の中にいる ………… 93
- ●この日のA子さんは、4つの世界に住んでいた!? ……… 96
- ●高い周波数帯 V.S. 低い周波数帯 ………… 102
- ●高い周波数帯の位置に近づくほどに、ゼロポイントに近づく … 106
- ●ゼロの視点なら人生はゲームとして遊べる ………… 109

- ●ゼロポイントに近づく「上向き思考」………… 112
- ●「今」が変われば、過去・未来も変わる
  ――パラレル・ワールドを移動するということ ………… 115
- ●バシャールの語る「時間」「パラレル・ワールド」
  「ワクワク」について ………………………… 120

COLUMN 1
ゼロポイント・アプローチにたどり着いた理由
――「人生のホログラム理論」を開発　　126

COLUMN 2
過去生あるあるの典型版、
「前世が修道女だったから結婚できない」ってホント!?　133

パラレル・ワールドへ瞬間移動するコツを大公開!

- ●目からウロコの超簡単! 超シンプル!
  ゼロポイント・アプローチ ………………… 138

I 身体を使って
理想のパラレル・ワールドにワープする

●身体の方向を上向きにする ………… 140

手のひらを上に向ける／ 手のひらを下に向ける／

背筋を伸ばす／ 猫背になる／

ぴょんぴょんと高く飛び跳ねる

Zero point Note

・身長の高低は関係ナシ ………… 149
・低い周波数帯に自分を置いてしまうポーズ ………… 150

II 言葉を使って
理想のパラレル・ワールドにワープする

●言葉は光のバイブレーションであるという「光透波(ことば)」の考え方 … 154
●「でも」を「それで」に変換してみる ………… 158
●否定性の否定から抜け出す ………… 161
●犬のおしっこ理論 ………… 165

III 色を使って
理想のパラレル・ワールドにワープする

●周波数の変化を把握できる「3Dスケーリング」………… 167

- ●色にたとえるということ ………… 170
- ●3Dスケーリングにトライ！ ………… 171
- ●ピンク色の効用 ………… 177

COLUMN 3
ピンク色の効用に気づいたきっかけ＆黒色の役割　184

第4章
神道から生まれた ゼロポイント・アプローチ
――最高のマントラでワープする

- ●「必要悪」の考え方が存在する日本の神道 ………… 191
- ●「可能性の扉（心の天岩戸（あまのいわと））」を開く最高のマントラ ……… 194

おわりに ……………… 200

第 1 章

誰もが幸せを
探している

なぜ幸せに
なれないの？

幸せになりたい！

それは、
この地球に生まれた
すべての人が願うこと。

仕事に生きがい
豊かさやお金
パートナーシップも
健康も
自分の理想を手に入れて
幸せになりたい。

だから皆、
こんなことやあんなことを
一生懸命に試しています。

今の自分を変えたいから
理想の自分になりたいから
幸せを探し続けているのです。

たとえば……。

CASE 1

「ありがとう」を唱える

考え方 ▶

感謝の言葉である「ありがとう」はエネルギーのあふれる魔法の言葉。
だから、「ありがとう」という言葉を呪文のように何度も唱えることで、奇跡がどんどん起きてくる。

第1章 ● 誰もが幸せを探している

ありがとう。

ありがとう。

ありがとう。

ありがとう。

ありがとうetc..。

今のところ、別にまだ何も変わらないけれど、

きっと、まだまだ言い足りないのよね。

だから、もっと唱えてみるよ。

ありがとう。

ありがとう。

ありがとう…etc.

まだまだ唱えるよ……。

その「ありがとう」は軽やかですか？

「ありがとう」という言葉は、日本人にとって特別な言葉ですね。
「ありがとう」と言われると誰もがうれしい気持ちになるし、感謝の気持ちを伝えたいときは、「ありがとう」という言葉が自然に出てくるものです。

　では、「ありがとう」という言葉を呪文のように唱えると運気が上がるのかどうか、と問われるならば、わたしはあなたに逆に、こう訊ねてみたいと思います。

「あなたが"ありがとう"という言葉を言ったときに、あなたは、軽やかな気持ちでしたか？」

　そうなのです。

　いくら、どんなに素敵な言葉でも、「"ありがとう"っ

て言わなくちゃいけないんだ」「"ありがとう"って、あと、何回言わなきゃ」「今日はまだ"ありがとう"って言っていない」なんて思ってしまうと、あなたにとって「ありがとう」という言葉さえも、重荷になったりすることもあります。

　もし、あなたが義務感から無理やり「ありがとう」という言葉を使おうとするならば、あなたにとって、「ありがとう」は重い言葉になっているかもしれません。

　その場合、「ありがとう」が連れてくるはずの幸運や開運は手に入りづらいかもしれませんね。

「ありがとう」は心から軽やかで晴れやかな気持ちで言ってみましょう。そうすれば、きっと「ありがとう」の奇跡も起きるでしょう。

　ポイントは、「ありがとう」を言うときの心の軽やかさです。

　そこに注目してみましょう。

　　※ 157ページの図表をご参照いただくとさらに理解が深まります。

CASE 2
ポジティブシンキング

考え方 ▶

ポジティブな思考はポジティブな現実・未来を、ネガティブな思考はネガティブな現実や未来を導く。
そこで、物事や自分の体験することを前向き、積極的に捉えることで人生を好転させていく。

第 1 章 ● 誰もが幸せを探している

電車が遅れて重要な会議に遅刻してしまい、
皆の前で部長に怒られてしまった。
ちょっと凹んだけれど、こんなことでメゲないぞ！
ポジティブポジティブ！

彼女にフラれてしまった……。
かなり落ち込んだけれど、ポジティブポジティブ！
要するに、自分にはもっといい出会いがあるってことだよね！

同期のアイツが海外赴任に決まったらしい。
それなのに、僕はずっと営業所勤務……。
まあでも、エリートコースじゃない方が自分の時間が取れるんだよね。
ポジティブポジティブ！

……。
なんだか、ポジティブに考えてるのにむなしくなるのはなぜ？
ポジティブな気持ちになれないのに、無理やりなろうとするのもどうなんだろう!?
そんなふうに思うのは、僕だけなのかな……。

"前向き"よりも "上向き"でいこう

　すべてのことを前向きに捉えるポジティブシンキング。

　"前向き思考"で人生を切り開いていく、というポジティブシンキングは、誰もが認める考え方ではないでしょうか。

　では、「さあ、前向きで行こう！」「頑張るぞ！」という思いを持つとき、あなたの気持ちは軽やかでしたか？
　そう、ここでもケース①でご説明したように、「ありがとう」という言葉を唱えるときに軽やかさがあったかどうか、ということと同じ考え方が当てはまります。

　つまり、あなたが「ポジティブシンキングで行こう！」というポリシーのもとで、「さあ、やるぞ！」と**軽やかな気持ちでエネルギッシュな状態になれるのなら、そのポジティブシンキングはうまくいく**でしょう。

しかし、「ポジティブシンキングをすれば、すべてがうまくんだから、ポジティブシンキングでいかなくちゃ！」とか、「今はつらいけれど、なんとしてでも、前向きにならなくちゃ！」となってしまうと**"重いポジティブシンキング"**になってしまいます。

　これは、よく知られている**「ワクワクの法則」**でも同じことです。
「ワクワクに従うことで夢は叶う」とか、「ワクワクを追及することが幸せや成功への近道になる」という考え方も、「成功するためには、ワクワクしなくちゃいけないんだよね！」となってしまうと同じことになります。

　このように、「ねばならない」という義務感や、無理やり信じ込まなくてはダメだ、という気持ちのもとで行うポジティブシンキングは、本来の効果を発揮しにくいのですね。

　そこで、もし、ポジティブシンキングが上手くいかないという人がいるならば、次のように考えてみるのはいかがでしょうか。
　それは、自分自身が「前向き」になっているかという

ことではなく、**自分の気持ちが「上向き」になっているか、というところに注目してみる**のです。

　つまり、「**あなたの心がアガって軽い状態になっているかどうか？**」ということです。

　もし、あなたの心がアゲアゲの「上向き」な状態なら、きっとポジティブシンキングは機能するでしょう。

第1章 ● 誰もが幸せを探している

CASE 3

「なりたい自分」を"現在完了形"でアファメーションする

考え方▶

願いを叶えたいなら、願いが叶った自分をイメージすること。
「そうなれた自分」をイメージして、「そうなれた自分」のように考え、「そうなれた自分」のようにふるまえば、すべてが「そうなれた自分」になるために動きはじめて「そうなれた自分」が実現するというもの。

第 1 章 誰もが幸せを探している

「わたしは1億円が手に入っています」
「ステキな彼女と出会っています」

毎日、毎日、アファメーションを続けている。
特に、寝る前に唱えて潜在意識に働きかけることも
大切なんだってね。

でも、アファメーションを3年くらい続けているのに、
どちらも、ちっとも叶わない。
それに、唱え続けていると、
なんだかだんだんみじめになってきた。
どうして!?

なりたい自分へ
一歩進めるかどうかが鍵

「なりたい自分」を「すでに、そうなれた自分」としてイメージしながらアファメーションを行うことも、願望実現や成功術などではよく語られるメソッドです。

　しかし、これまでのケースを読んでいただいた方なら、もうおわかりかもしれませんが、そのアファメーションが、果たして軽いアファメーションなのか、それとも重いアファメーションなのか、ということがそのアファメーションが実際に機能するのかどうか、ということに影響します。

　たとえば、もし、あなたが「わたしの年収は１千万円になっています」という言葉を声に出してアファメーションする場合、そのときのあなたの気持ちが心から軽やかなアファメーションになるなら、年収１千万になるという夢は実現するかもしれません。

しかし、アファメーションを行うことで、「しっかりと、潜在意識に働きかけなくては！」とか、「アファメーションすれば叶うのなら、何度も繰り返して言わなくちゃ」などと、義務感や無理やり感で行うアファメーションなら、そのアファメーションは効果を発揮しづらくなります。

　あなたがアファメーションをしたときに、**自分の夢や目標に向かって、自然にスッと軽く一歩を踏み出せるような、そんなアファメーションであるかどうか**を自分に問いかけてみましょう。

CASE 4
ありのままでいい

> **考え方 ▶**
>
> 自分の本質を無理して変えようとしたり、自己否定をせずに、本来の自分をそのままに受け入れて自分を愛すること。
> "ありのままの自分"という自分らしさを大切にした生き方により、幸せをつかむことができる。

最近よく聞く言葉、「ありのままでいい」。
もっともっと素敵な自分になりたくて、
続けてきた自分磨き。

キャリアアップしたいから、努力もしてきたし、
インスタでフォローしているセレブみたいになりたいから、
ダイエットに美容だって頑張ってきた。

でも、「ありのままでいい」を信じるようになってから、
なんだかわたし、だらけてきたような気がする。
本当に…、わたしはわたしのままでいいんだよね？

なんとなく、今のわたしの"ありのまま"では
幸せになれていないような気がする……。

あなたの「ありのままでいい」は何色？

「ありのままでいい」生き方って、どんな生き方なのでしょうか？
「ありのままでいい」という解釈も、人それぞれの受け取り方で違うような気がします。

　たとえば、「ありのままでいい」という言葉の意味があなたにとって、「何もしないでいい」とか「そのまま動かないでいい」ということだと、ちょっと本来の「ありのままでいい」という言葉が伝えたい主旨と違うのかもしれません。

　ちなみに、わたしの提唱するゼロポイント・アプローチでは**「ありのままでいい」とは、「あなたの意識、行動、言葉など等身大のあなた自身のすべてを、そのまま素直に自由に表現できること」**としています。

そして、「ありのままでいい」も、これまでご説明してきた「ありがとう」や「ポジティブシンキング」、「アファメーション」と同じことです。

あまりに「ありのままでいよう！」とすると、「ありのまま」の状態を保たなければならない、と考えてしまって、そこに「ありのまま」を生きようとする軽さや自由さはなくなってしまいがちです。

でも、「ありのままでいい」って、ちょっとわかりづらいですよね？

というのも、自分にとっての「ありのまま」というものが、よくわからない人もいると思うのです。

そんなときに、おすすめの方法があります。

もし、あなたが、「自分のありのまま」がわからないなら、今ここで「ありのままでいい」という言葉を声に出して言ってみてほしいのです。

そう、自分自身に問いかけるように言ってみてください。

そして、そのとき、**あなたにとっての「ありのままでいい」という言葉が何色か想像してみ**

てほしいのです。

「ありのままでいい……」

　もし、その色が黒や茶色、灰色など暗い色だったら、「ありのままでいい」ことに重荷を感じているのかもしれませんね。

　でも、その色が**明るくて、より無色透明に近い「ありのまま」だったら、あなたは本来の「ありのまま」をきちんと受け止められている**のです。

　そんなときのあなたは、「ありのままでいい」と言って"何もしない"のではなく、なんだか**「ありのまま」の自分自身を自由に表現したくなっているはず**です。

　もちろん"何もしない"ことも選択できるし、「あんなことに挑戦しよう！」と軽やかに動き出すこともできるようになっているはずですよ。

第1章 ● 誰もが幸せを探している

CASE 5
インナーチャイルドのワーク

考え方 ▶

インナーチャイルドとは、自分の内面に潜んでいる"内なる子供"のこと。
無条件に愛されるはずの幼い頃に親子関係などで傷ついたり、無視されたり、愛を得られなかったことなどが潜在意識の中で怒りや傷のまま残っていることがある。
そして、そのときの傷がきちんと癒されていないと、成長して大人になったときの人間関係や行動パターン、感情や思考に影響を及ぼし、場合によってはそれらにネガティブな影響を与えてしまうというもの。

第1章 誰もが幸せを探している

セラピストいわく、
いつもパートナーシップがうまくいかないのは、
わたしのインナーチャイルドが癒されていないから、
ということみたい。

小さい頃、両親がいつもケンカをしていたのを見ていた
わたしの心はまだ傷ついているの？

だから、イメージの中でインナーチャイルドを抱きしめて、
「もう、大丈夫だよ！」って言ってみたけれども、
わたしのインナーチャイルド、きちんと癒せたのかな？

わかるような、わからないような……。
癒せたような、癒せていないような……。
どうなんだろう……。

インナーチャイルドって
"おばけ"みたいな存在かも

　インナーチャイルドという概念は、ここ20～30年くらいの間、スピリチュアルの世界のみならず、心理カウンセリングの分野などでもよく登場する考え方です。

「考え方」にもあるように、子どもの頃に傷ついた体験や愛されなかった体験を癒せないままでいると、大人になった今でも知らず知らずのうちに、自分の行動を自分で制限していたり、ある特定の感情・行動パターンを繰り返してしまうというものです。
　そこで、インナーチャイルドを扱うセラピーにおいては、自分の内側に深く入っていき、子ども時代の自分＝インナーチャイルドを癒すことで問題を解決していく、という手法を取っています。

　そんなインナーチャイルドのセラピーでは、自分が癒せたかどうかまではわからない人もいるかもしれません。

というのも、自分が自分のインナーチャイルドと出会い、自分で癒し、自分で問題を解決しないといけないからです。

　じつは、ゼロポイント・アプローチでは、インナーチャイルドについて、**「"おばけ"みたいな存在って考えてみると人生も変えやすくなるよ」** と伝えています。
　"おばけ"って、「存在する」と言われているけれど、あまり「見たことがある人」は周囲にいなかったりしますよね。
　人によっては「存在しない」という人もいたりします。

　それと一緒で、**インナーチャイルドも想像上の産物である**と考えるようにすると、人生も変えやすくなることも多いのです。
　インナーチャイルドで苦しんでいた方は、「存在する」と言って怖がるよりも、周囲に見た人がいないなら、「本当はいないのかも」と"おばけ"のような存在だと考えてみましょう。

　そうすると、イメージワークなどで自分のインナー

チャイルドに会えなかった、といってがっかりする必要もないし、インナーチャイルドのワークでは癒しが起きなかったという人だって、同様にがっかりする必要もなくなります。

　もしも、**インナーチャイルドに会えなかったとしても、インナーチャイルドにこだわる必要はありません。**

　まずは、**あなたの問題は他の方法でも問題が解決できるかもしれない、という発想の転換をする**ところからはじめてみましょう。

CASE 6
前世療法・過去生セラピー

考え方▶

今の人生で上手くいかないことがあるのは、過去生にその原因があるから。
そこで、その過去生を掘り下げて、そのときに負った傷・トラウマ・犯した罪などを癒し、ゆるし、浄化することで今の人生への影響が解消して、人生が好転していく。

第1章 誰もが幸せを探している

いつも、「ここぞ!」というときに
失敗ばかりしてきたわたし。
大学入試に就職試験、
すべての試験はいつも全滅。
人生の本番で実力を出し切れないわたし。
このままでは、一生負け犬人生!?

過去生をたどる旅路

①ヒプノセラピストのアドバイス

「催眠時に、あなたは16世紀の日本の戦国時代に、恐怖心から敵と戦わずに逃げだしてしまったと話されていましたね。そして、その後の人生は臆病者として生きることになり、以降、本番では力が発揮できなくなったようです。だから、そのときの過去生を今から行うワークで癒しましょう！」

第1章 誰もが幸せを探している

こんなにセラピーを受けたのに、まだ、人生は上手くいかない。まだまだ癒しやゆるしが足りないの？

過去生をたどる旅路

②○○スピリチュアル
　カウンセラーのアドバイス

「なるほど。戦国時代の傷は癒せたようですね。でも、12世紀のヨーロッパで十字軍の戦いで敵に騙されて殺されたときのトラウマがもともと影響していたようですね。そこを癒さなければなりません！」

それでも、まだ、人生は上手くいかない。
まだまだ癒しやゆるしが足りないの？

過去生をたどる旅路

③○○サイキックのアドバイス

「戦いによる傷は癒せているようですね。でも、あなたの心の傷は、紀元前1世紀のローマ時代に政治家として生きた人生において、民衆を欺(あざむ)いたときのことが影響しているようです。そのために必要なのは……」

第1章 誰もが幸せを探している

それでも、まだ、人生は上手くいかない。
まだまだ癒しやゆるしが足りないの?

過去生をたどる旅路

④○○ヒーラーのアドバイス

「今のあなたに影響しているのは、今から１万年以上も前のこと。アトランティス文明の時代に科学者として生きた人生で、クリスタルのパワーをエゴのもとに使い、多くの人を抹殺してしまったところからきています。それを解消するために必要なのは……」

第1章 誰もが幸せを探している

それでも、まだ、人生は上手くいかない。
まだまだ癒しやゆるしが足りないの？

過去生をたどる旅路

⑤○○チャネラーのアドバイス

「あなたが地球外生命体だったときに、オリオン星人との闘いに負けて〜〜〜」

第 1 章 誰もが幸せを探している

いつになったら終わるの?
過去生セラピー！

エンドレスで続く過去生の原因ループ。原因追究の因果論に終わりなし⁉

「自分が〇〇なのは、過去生で〇〇があったことが原因……」

　そんな**因果関係をたどっていたら、どこまでも原因が追えてしまう。**そんな経験をされた方も多くおられます。

　ご存知のように、前世療法や過去生セラピーにおいては、「今の自分が〇〇なのは、過去生で〇〇があったことが原因だから」という因果関係があることが前提になっています。

　そこで、その特定の過去の出来事を癒したり、ゆるすことでトラウマや傷を解消して今の人生を変えていこう、というセラピーです。

　けれども、過去生という「過去の原因」は、じつは、

タイムラインを長くとって眺めてみると、**「原因」ではなく「結果」になる**ということが、先ほどの例でもわかったことと思います。

　つまり過去・現在・未来の直線的な時間軸の中には、本当の意味での「原因」が存在しない可能性があるのです。

　58-59ページからの例で挙げるように、歴史を順番にたどっていくと、いつのまにか**因果の「因」である「原因」の部分が、別のイベントにおいては「因果」の「果」になっている**ことだってありえるということを今は覚えておいてください。

●エンドレスで続く過去生とその因果関係

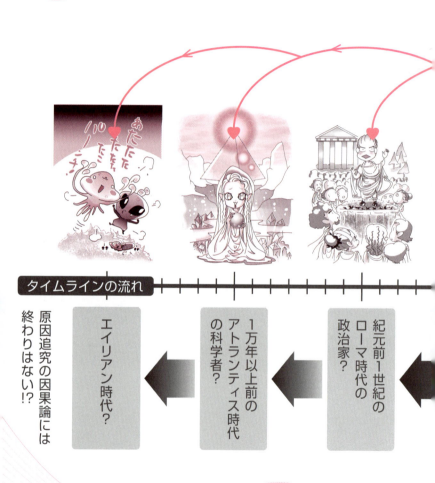

タイムラインの流れ

エイリアン時代？

1万年以上前のアトランティス時代の科学者？

紀元前1世紀のローマ時代の政治家？

原因追究の因果論には終わりはない!?

第1章 誰もが幸せを探している

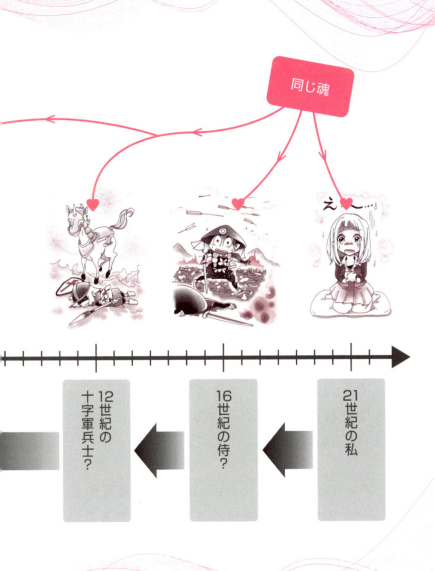

この例に出てくる女性のように、もし、今の人生に影響を与えているイベントが16世紀の戦国時代に起きた出来事だったとすれば、その時代に影響を与えていたのが12世紀の十字軍の時代かもしれません。

　そして、その時代に影響を与えていたのは紀元前のローマ時代かもしれない。

　そこで終わりかと思えば、1万年前のアトランティス時代にまだ原因があったのかもしれないし、さらには、地球にやって来る前の地球外生命体時代のある出来事が原因だと言われたり……。

　過去生の**因果関係に注目しはじめると、あなたの人生に影響を与えている原因の「おおもと」をたぐっていったとしても、エンドレスで終わることはない**とすると、過去生にこだわる必要もなくなります。

　それに何よりも、それらの**過去生が真実かどうかなんて、誰も確かめることなどできない**のです。

もしそうならば、今まで過去生に囚われていた方は、
過去生にこだわる必要はないと考えてみると、
人生が変わる"きっかけ"を得られるでしょう。

１分で
あなたは
変われる！

「人生をよくするはず」「幸せになれるはず」の
いろいろなメソッドを試しては、
それが叶わない……。
そんなことが続いてしまって、
ちょっぴり疲れている人たちへ。

変えたくても、変えられなかった現実。
変えたくても、変えられそうにない未来。

じつは、その「今まで変わらなかった理由」は、

「過去に原因がある」

という考え方にありました。

過去・現在・未来を結んだ直線上の
「時間軸の中に原因がある」という
考え方に変わらない理由があったのです。

今までの直線的時間軸の考え方を脱し、
今いる時間軸から抜け出し、
理想の人生のパラレル・ワールド（時間軸）
に移動する方法をこれからご紹介します。

それがパラレル・ワールド移動メソッド
「ゼロポイント・アプローチ」です。

理想の人生に変わるために必要な時間は、
たった1分です。

そのために、心を入れ替える必要もないし、
努力をする必要もありません。

あなたは、ただエレベーターに乗るように、
理想のパラレル・ワールドに移動すれば
いいのです。

さあ一緒に、あなたの理想の
パラレル・ワールドに向かいましょう。

今すぐ、ここから！

第 **2** 章

パラレル・ワールド移動メソッド「ゼロポイント・アプローチ」とは？

理想のパラレル・ワールドに瞬間移動する「ゼロポイント・アプローチ」って何?

あなたは、いつでも望む人生を生きることができます。

その方法が、今からご説明する理想のパラレル・ワールドにワープするという方法です。

過去・現在・未来という直線的な時間の中の「過去の原因」を追及せずとも、並行現実であるパラレル・ワールドを移動して幸せになる方法です。では、あなたの望む宇宙である理想の**「パラレル・ワールド(並行現実)」**へワープするということはどういうことでしょうか?

「宇宙船に乗って、どこか別の次元へ行くの?」

なんていう質問をしたくなる人もいるかもしれませんね。

第 ② 章 ● パラレル・ワールド移動メソッド「ゼロポイント・アプローチ」とは？ ●

　他のパラレル・ワールドに移動するのに宇宙船なんて必要ないんです。

　この地球にいながら、今すぐ誰もが理想のパラレル・ワールドにワープできます。
　パラレル・ワールド移動メソッドである**「ゼロポイント・アプローチ」**を使いこなせば、それは可能になるのです。

　では、ゼロポイント・アプローチとは、どのような方法論なのでしょうか？

　それは、**「あなたの周波数を上げることで、今現在いる世界から、周波数の高い上位の周波数帯の世界（パラレル・ワールド）に一瞬で移動する」**メソッドです。

「周波数？」
「パラレル・ワールド？」

　今は、そんな言葉につまずいてしまっても、大丈夫！
これらについては、後でじっくり説明していきます。

ゼロポイント・アプローチを別の言葉で表現するならば、それは、「**人生を遊びとして捉え、"わたしは、今この瞬間を楽しんでいる！"と常に楽しい感覚で生きるための人生哲学**」です。

「なるほど。人生を簡単に楽しめる方法があるんだなぁ……」

　というくらいのノリで、ここでは考えておいてくださいね。

　今はまだ理解できなくても大丈夫です。
　とにかく、ゼロポイント・アプローチを知っておくと、**とってもラクで、ストレスフリーな人生**を送ることができます。
　ココロもカラダも軽くなって人生を楽しむことができるようになるのです。

　それって、とっても素敵なことだと思いませんか？

　じつは、そのためにはちょっとしたコツがあるのです！

この世界は
二元論が支配している

そのコツとは、「**今のわたしたちの世界を支配している二元論に縛られた思考法から自由になる**」ことです。

「むむ、ちょっと待って！ "二元論に縛られた思考法"って？」

一見難しそうですが、これも簡単に言えば、わたしたちが日常生活でいつも使いこなしている次のような考え方にもとづいたものです。

そう、いわゆる**二つの相反する関係性**のことですね。

●私たちの世界を支配する二元論の考え方

プラス ⇔ マイナス

美しい ⇔ 醜い

子供 ⇔ 大人

敵 ⇔ 味方

正 ⇔ 誤

男 ⇔ 女

高い ⇔ 低い

簡単 ⇔ 困難

第2章 ● パラレル・ワールド移動メソッド「ゼロポイント・アプローチ」とは？

光 ⇔ 闇

原因 ⇔ 結果

陰 ⇔ 陽

善 ⇔ 悪

金持ち ⇔ 貧乏

勝ち ⇔ 負け

ポジティブ ⇔ ネガティブ

このような一対でペアになる関係性を挙げれば、思いつくだけでも、永遠に二つの組み合わせができるのではないでしょうか。

　わたしたちは、こういった二元論の考え方を基本にしながら、子どもの頃から両親の教えや教育を通して、**「これは良いことで、これは悪いことだ」とか「これは正しいけれど、あれば間違い」などという常識や固定観念を身につけてきました。**
　また、それらをもとに、**「〇〇の場合は、〇〇すべきだ」とか「〇〇だったら、〇〇しなければならない」**などの判断を行っています。

　そして、これらの常識をもとにして、**各々が自分なりの尺度や価値観を持ち、将来の夢や目標を掲げたり、また、道徳観・倫理観などを育てながら社会生活を送っている**わけです。

　同様に、この二元論を基軸として、世の中には法律や規則などのたくさんの決まり事が設定されています。
　それらがあることで、どんなに人々の間に個性や性格

などの違いがあったとしても、社会や組織、集団などに規律が生まれ、皆がバラバラにならずにきちんと統制がとれた社会が維持できているのですね。

　ということは、一言で言えば、「**わたしたちの世界のルールは、二元論から成っている**」ということであり、「**わたしたちの思考や価値観なども、二元論がベースになっている**」といっても過言ではないでしょう。

「ユニバース」の考え方で生きると苦しい⁉

　ある意味、二元論に基づいた考え方は、言ってみれば、**この世界をひとつにまとめるルール**のようなものだと言えます。
　なにしろ、この世界におけるあらゆる状況やシチュエーションに、「良い、悪い」をはじめとするあらゆる

二元論の概念が存在しているのですから。

　そんなわたしたちの生きている**この世界は、「ユニバース（ひとつの宇宙）」の考え方の世界**です。

　一般的に、わたしたちは宇宙という言葉を英語で「ユニバース（Universe）」という単語で表現していますが、**ユニバースの「ユニ（uni)」には、「ひとつの」とか「単一の」という意味があります。**
　つまり、わたしたち人類が三次元の中でユニバースとして**ひとつの単位**にまとまるには、二元論をベースにしたルールが必要だったというわけですね。

　しかし、だからこそ、わたしたちは生きていく上で時折苦しくなったりするのです。
　たとえば、よくあるこんな悩みやグチなどがいい例です。

A男「彼の家はお金持ちなのに、僕の家はビンボーだ。どうして世の中は不公平なの？」
B子「親友は玉の輿に乗って結婚したのに、わたしは平凡な夫としか結婚できなかった。彼女がうらやま

しい」
C夫「一流大学を出た友人と三流大学を出た僕の年収の差は、3倍もある。僕は人生に落ちこぼれてしまった」

そんなふうに、**いつもわたしたちは、自分と他人を比べてなげいたり、人をうらやんだり**していますよね。

また、**自分が世の中の常識や、理想とされる姿に当てはまらないと自分を責めたり、悩んだり、苦しんだりする**のです。

しかし、これらはすべて"**一般的な社会の価値観**"でのコメントです。

たとえば、A男さんのケースであれば、実際には、A男さんがうらやんでいたお金持ちの友人は親から常に「あなたは優秀でなければいけない」という極度のプレッシャーを受け続け、暗い気持ちで毎日を過ごしているかもしれません。

実際に、わたしのクライアントでもそういうケースが

ありました。

　あるクライアントは、誰もがうらやむほどのお金持ちにもかかわらず、小さい頃から両親のプレッシャーが重すぎて、人生を楽しいと感じたことがないというのです。

　そのようなケースもあることから、意外にもその友人の方が、貧しくても家族の仲がいいＡ男さんのことをうらやましいと思っていたりするのかもしれないのです。

　また、Ｂ子さんのケースも同様です。

　Ｂ子さんがうらやんでいる親友の夫は、じつは、家族とは別に２号さん・３号さんがいて、あまり家に帰って来ずに寂しい思いをしているのかもしれません。

　そして、親友の方が平凡でも楽しい家庭を築いているＢ子さんのことをうらやましいと思っているのかもしれません。

　さらに、Ｃ夫さんの友人は、年収は高くても周囲は優秀な社員ばかりで常に競争のことが頭から離れず、仕事を楽しめていないのかもしれません。

　しかも、そのことから体調が悪くなり、もう今の仕事をやめようと思っているのかもしれないのです。

　このように、ユニバース的な価値観の中では、一見、

周囲からは「良さそう」にみえても、じつは「悪い」状況にあるということがよくあります。

幸せとは、他人のものさしで測る"一般的な社会の価値観"ではなく、その当人自身の価値観の中にあるものなのです。

しかし、わたしたちは未だに、この世界の「こうあるべき」とか「この方がいい」という二元論から派生したルールの中になんとか自分を押し込めようとしています。

そうすることで苦しみ、葛藤しながら生きているのです。

一人ひとりが
それぞれの宇宙という
「マルチバース」の考え方

　ではここで、ちょっと考えてみてほしいことがあります。

　この地球に、あなたとまったく同じ個性を持つ人が存在できる可能性は何パーセントあると思いますか?

　当たり前ですが、答えは0パーセントです。

あなたは、唯一無二の存在です。

　あなたは、**他の誰とも違う、**この世界で**たったひとつのユニークな存在**です。

　あなたが考えること、思うこと、感じること、

行うことは、この世界でたったひとつだけ。

他の誰とも違うわけですから、比べることなどできません。

あなたという宇宙が、あなたが見る世界、あなたが捉える世界を創り上げているのです。

つまりあなたは、**あなただけのルールが存在する宇宙そのもの**なのです。

それは、**あなたという存在自体がひとつの小宇宙である、**ということです。

わたしたちは、地球に暮らす70数億人が住む世界がひとつの大きなユニバースだと捉えていたりしますが、じつは、70数億個のユニバースが寄り集まって存在しているようなものなのですね。

ということは、この**世界は単一のユニバースでなく、たくさんのマルチバースから成っている世界**だと言えるのです。

●ユニバースとマルチバースの違い

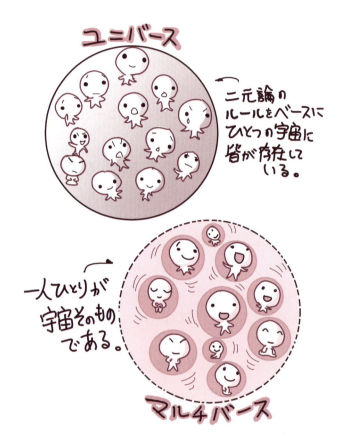

現在、この世界は単一のユニバースではなく、無数のマルチバースから成っているという考え方が宇宙論の世界で盛んに論じられるようになってきています。

そこで**あなた自身も、マルチバースのひとつ**である宇宙（存在）として自分のことを捉えてみてほしいのです。

そして、ここが大事なポイントです。
それは、

「あなたの宇宙のルールは、あなた自身が自由自在に創造できる」

ということです。

なぜなら、**あなたは自分の宇宙の創造主**とも言えるからです。

たとえば、この地球という宇宙は、いくつかの決まっ

た元素の配合によって構成されていますが、あなたという宇宙は、あなた自身の固有の元素の配合で出来ています。

　それは、他の宇宙とは決して同じになることがない唯一の宇宙です。
　そして、その配合を決めたのは、あなたという宇宙なのです。
　また、その配合を決めたのがあなたという宇宙であれば、あなたの人生のルールは、あなたが自由に創造できるということでもあるのです。

　そう、あなたは、あなたの宇宙を自由に創造することができます。

　つまり、あなたの宇宙では、ユニバースの二元論に基づく「これが正しい」「こうするべき」という一般的な価値観の常識や固定観念に囚われることもなく、**あなたがあなただけの自分基準で自分の宇宙をつくり、そこで幸せになることができる**のです。

また、あなたが自分という宇宙の扱いに慣れてくれば、**「二元論さえも、その考え方から脱しようとするのではなく、逆に、もっと自由自在に上手く使いこなせるようになる」**ということでもあります。

　既存の「こうすれば幸せになれる」というさまざまなメソッドやテクニックがなぜ上手くいかないのかも、これでおわかりになったのではないでしょうか。

　これらの**既存の幸せメソッドは、あなたの宇宙と同じ配合ではないにもかかわらず、その他人基準の配合に合わせようと無理をしていたことで上手く機能しなかった**のですね。

　もちろん、その幸せメソッドの提案者の宇宙の配合とあなたの性質が似たような配合であれば、そのメソッドは、あなたにハマって上手くいくはずです。
　上手くいく・いかないの分岐点は、幸せメソッドの提案者の配合とあなたの配合が似ているかどうかだということなのですね。

あなたには、あなたの宇宙としての、ふさわしい"幸せの配合"があります。

　その"配合"を見つけてみたいと思いませんか？

　さあ、それでは、あなた自身の"幸せの配合"の探し方について、さらに詳しく説明していきましょう。

あなたがいる周波数帯で世界は変わる

「あなたは、今、どの周波数帯にいますか？」

　これが最初にゼロポイント・アプローチを理解するためのキーワードになる問いかけです。

　ゼロポイント・アプローチを身につけるためには、まずは、「**あなたがいる周波数帯で世界は変わる**」

とういことをご説明したいと思います。

簡単な例を挙げてみましょう。

たとえば、あなたがある建物にあるエレベーターに乗って1階から5階へ上がっていくと仮定してみてください。

すると、1階で見えていたときの景色と、5階から見える景色はかなり違うはずです。
たとえば、1階からは等身大で見えていた道行く人の姿が、5階からは、遠く下の方に小さく見えたりします。
また1階からは、建物の壁や入り口がすぐ横に見えていたのが、5階にまでなるとすぐそこは建物の屋上や屋根だけだったりします。

このように、あなたのいる位置が変われば、あなたが観える世界も同時に変わります。

そう、**あなたが存在する周波数帯の位置≒身を置く世界が変われば、周囲の状況もあわせて一変する**のですね。

皆が笑っている場所に行けば、あなたも自然と笑いたくなる。

皆が悲しんでいる場所に行けば、あなたも気づけば悲しいモードになっている。

それも同じことです。

笑いがある場所に行くと、あなたは笑いの起こるエネルギーに包まれ周波数帯が上がります。だから自然に笑いたくなるのです。

悲しみが渦巻く場所に行けば、あなたも悲しみのエネルギーに包まれ周波数帯が下がります。その影響で悲しいモードになってしまうのですね。

第2章 パラレル・ワールド移動メソッド「ゼロポイント・アプローチ」とは？

そうなのです。
 あなたのいる世界の周波数帯（≒エネルギー）次第で、あなたの見える世界だけでなく、あなたの思考やあなたの感情・行動などのすべてが変わるのです。

　低い周波数帯の中に入れば、気持ちが重たくなったり、いつもより感情的になったり、その反対に、高い周波数帯の中に入れば気持ちも軽くなって、明るく軽やかになれる。

　その逆もまた、しかりです。

　もし、あなたが苦しんだり、つらい思いをしたり、怒りに満ちたような状態にいるのなら、あなたは、きっと低い周波数帯の中にいるはずです。
　反対に、あなたが喜びや楽しさにあふれて、心もウキウキした状態なら、あなたは高い周波数帯の中にいるのです。

「なるほど。じゃあ、ずっと高い周波数帯の中にいればいいんだな」と誰もがそう思うことでしょう。

●低い周波数帯から高い周波数帯へ

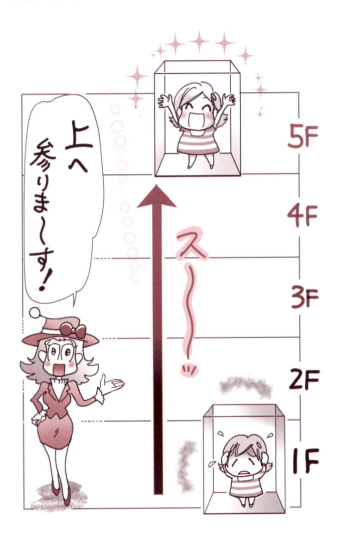

では、どうしたら、常に高い周波数帯の中にいられるのでしょうか？
　また、自分自身も高い周波数を保てるのでしょうか？

　ひとまず、その説明をする前に、ここで、あなたの普段の1日を振り返ってみましょう。誰もが、朝起きてから夜眠りにつくまで、日常生活を送っていると、いろいろな出来事に遭遇しているはずです。

波を描くように
アップ&ダウンする
OLのA子さんの1日

　ひとつの例として、OL生活を送るA子さんのある1日を見てみましょう。

🕘 9:30a.m.
朝、会社へ通勤の途中に憧れの先輩に会ってドキドキ！
先輩の方から挨拶をしてくれるなんて、超うれしい！
わたしの名前、覚えてくれているなんて感激！
いつか一緒の部署になれるといいな～♪

🕚 11:30a.m.
午前中の全体会議で課長に当てられたのに、意見が思うように言えなかった。
皆の前で注意されてしまって恥ずかしい……。
もうちょっと、資料を見て準備をしておけばよかった……。
落ち込んでしまって、同期の子たちとランチへ行く約束

も断ってしまった。

🕐 18:30p.m.
会社帰りにふと立ち寄った駅ビルで、好きなブランドのバーゲンに遭遇。
ラッキー！　やったー！　欲しかったあのワンピが半額になっている！
思い切って色違いまで買っちゃった！
なんだかわたし、ツイてる⁉

🕐 22:00p.m.
夕食の後、お風呂の準備をしていたら、お母さんから電話。
お父さんが突然、体調を崩して入院したみたい。
大丈夫かな……。
週末は時間をつくって、実家に帰らなきゃ！
お父さんに何かあったら、どうしよう……。
心配だな……。

　A子さんのこんな1日は、誰にでも当てはまるような平均的な1日ではないでしょうか。

どんな人も1日の間に、ウキウキすることや楽しいこと、気分がアガることがあると思えば、一方でどっと落ち込んだり、不安になって気分が重くなる出来事やイベントに遭遇しているはずです。

つまり、誰もがある程度は、感情的・精神的にアップ＆ダウンのある日々を送っているはずなのです。
その差こそあれ、わたしたちの人生には、常にアップ＆ダウンの喜怒哀楽があるのが日常の風景です。

誰もが「ゆらぎの法則」の中にいる

昨日は天気だったのに、今日は雨。
明日は寒そうだから、雨が雪に変わりそう……。

このように天気は、一刻一刻と常に変化しているもの

です。

　そして、そんな日々の中で季節が変わって四季は巡り、すべての生命がそれぞれの命の周期の中で変化をし続けています。

　これは、万物の法則であり、自然界の摂理のようなものと言ってもいいでしょう。

　それは、わたしたちの人生だって同じことです。
　わたしたち人間にも晴れの日があれば、雨や曇りの日、時には嵐の日を過ごしながら、常にアップ＆ダウンを繰り返しているのです。

　この三次元に生きているわたしたちの人生も、この肉体が物理的な領域にある限り、必ず二元性としてのプラスとマイナスが存在し、波のような形を描くバイオリズムの波を乗りこなしながら生きています。

●ゆらぎの法則

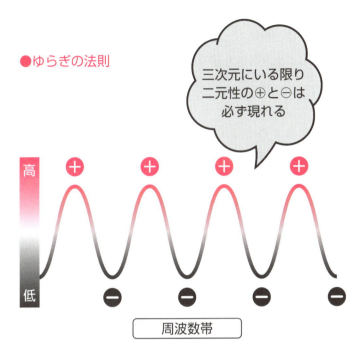

この波の動きが、いわゆる周波数帯と呼ばれているものです。

周波数帯は、当然ですが、"波の動き"なので、常にゆらぎながら上下に動いています。

これが地球という三次元における「ゆらぎの法則」です。

わたしたちの人生がこのゆらぎの法則の中にあるとい

うことは、わたしたちの感情も常に振り子のようにプラスとマイナスの波を繰り返してゆらぎ続けるということです。

つまり、わたしたちが地球という三次元で生活する限り、**ずっと１点に静止している、ということはありえない**ということですね。

この日のＡ子さんは、4つの世界に住んでいた⁉

ゆらぎの法則による波の動きは、１日の間にも終わることなく起き続けています。
先ほどのＡ子さんも、１日を過ごす中でゆらぎの法則を体験していたのですね。

ここでは、「自分がいる周波数帯で世界が変わる」ということを、Ａ子さんの１日の例で説明してみましょう。

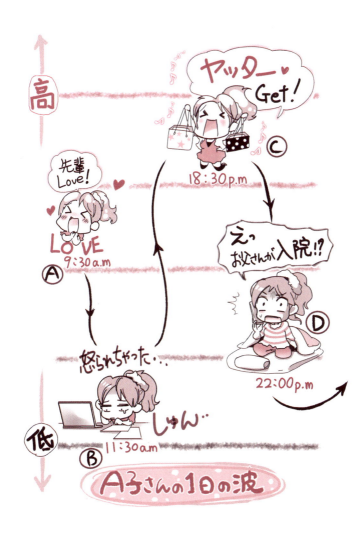

朝 9:30 の A 子さんは、憧れの先輩に会ってウキウキしてＡの位置にいたのに、午前中の会議ではＢの位置に落ちてしまいました。
　でも、アフターファイブのバーゲンでは気分もノリノリでＣの位置に行ったかと思えば、再び母親からの電話でＤの位置に落ちてしまいます。

それぞれの位置で、感じる世界、見える世界も変わってしまうのです。
　Ａ子さんは、**それぞれの位置で、そのときどきの周波数帯の世界を体験している**のです。

　たとえば、朝、通勤時に会社の憧れの先輩に声をかけられたときのＡ子さんは幸せいっぱい。
　会社のエントランスの受付ロビーに置かれた生花のディスプレイが、なぜか今日に限ってキレイに見えたり、職場の同じ部署の皆のためにコーヒーを入れてあげたり、ウキウキが止まりません。
　このとき、**高い周波数帯の位置にいるＡ子さんから見える世界は、"バラ色一色"**です。
　これぞ、ときめく恋心のなせるワザですね（笑）。

ところが、すぐにそんな**高い周波数帯も、課長に注意されたことでドドン！と下に落ちてしまいます。**
　午前中の会議で意見を求められたのに、答えられなかったA子さん。
　思い詰める性格のA子さんは、しばらく落ち込んでランチの約束さえも断ってしまいます。
「皆から仕事のできない奴って思われたのかな……」
なんて思うとお腹も空きません。
　じつは同僚たちは、会議で意見が言えなかったA子さんのことなんて気にも留めていないかもしれません。
　でも、真面目なA子さんはダメな自分を反省しながら、しばらくウツウツと暗い気持ちになってしまうのです。

　そんな状況だったA子さんですが、夕方にバーゲンで欲しかった洋服をお得にゲットできたことで、またノリノリな状態に戻ります。
　絶好調になって、再び高い周波数帯の位置に移動したA子さんは、**午前中の落ち込みのことはすっかり忘れて、「わたしってツイている⁉」なんて、思ってしまうほど**です。

ところが、あろうことか、夜になって突然母親から父親が入院した知らせを受けたＡ子さん。

　不安になって父親のことを心配するあまりに、再び下の位置に落ち込んでしまいます。
　いつも見ている夜のTVの番組さえも見る気分にならずに暗い気持ちになると、ベッドの中で心配で眠れない夜を過ごすことになってしまいました。

　こんなふうに、**Ａ子さんのそのときどきの感情につられて、目に見えない周波数帯は上下しています。**

　この日少なくとも、**Ａ子さんは４つのポジション＝４つの周波数帯の世界に存在していた**と言えます。

　実際には、そのときどきの心のアップ＆ダウンによって、Ａ子さんのいる世界は、もっと細かく分かれていたことと思います。

●幾層にも分かれ、並行に走る
　パラレル・ワールドの周波数帯

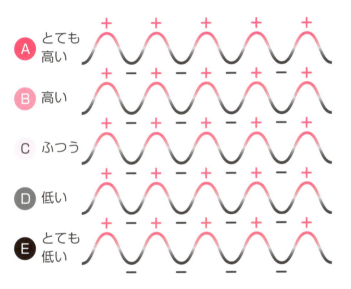

高い周波数帯から低い周波数帯まで
幾層もの周波数帯が存在する

高い周波数帯 V.S. 低い周波数帯

「なるほど。ゆらぎの法則というものがあるのはわかった。でも、自分の気持ちにそんなに振り回されたくないな……」
　というのが、ここまで読んでこられた方の正直な感想ではないでしょうか。

　アップ＆ダウンの激しいエキサイティングな人生もいいかもしれませんが、多くの人は、人生の波を乗りこなしながらも、できれば、一喜一憂することの少ない落ち着いた安定感を人生に求めているものです。

　誰だって、喜怒哀楽の「怒」や「哀」は少ない方がいいですよね。
　じつは、**わたしたちの意識が、「ゼロポイント」に近づくほど、それは可能になる**のです。

「では、そのゼロポイントの意識に近づくにはどうした

らいいの?」

　という質問には後で詳しくお答えしていきますが、まずは、「わたしたちは、常にゆらぎの波の中に生きている」ということを知っておいてほしいのです。

　当然、**高い周波数帯の世界にいるときは、自分という軸がしっかりしているので心も軽く、人生を軽い心持ちで捉えることができます。**

　そんなときには、**多少ネガティブだと思えることが起きたとしても、揺るがない自分にすぐ戻って、すぐに自分のペースを取り戻す**ことができます。

　一方で、**低い周波数帯の世界にいるときは、すべてのことを悲観的に受け取ってしまいがち**です。

　そんなときには、**いいことがあっても信じられなかったり、疑う気持ちを持ってしまったり、さらには、いいことがあっても目にも入ってこない**かもしれません。

　そして、悪いことがあれば、すぐに自分に結びつけて

しまい、そしてさらに落ち込んでそのことを引きずってしまったりするのです。

　もちろん、低い周波数帯のパラレル・ワールドの中にいるときだって、誰もが"波の中"にいるのですから、「良い・悪い」という意味では、良いことだって起きています。

　しかし、プラスのように感じたとしても、何かのきっかけで、すぐにマイナスの方に落ち込んでしまい、なかなかプラスに戻れないなど、揺れの幅が大きいのが特徴です。

　これは、**振り子の原理**のようなものです。

**　心は振り子のように下へ行くほど揺れ幅が大きく、上に行くほど揺れ幅が小さくなる**のです。

●振り子の原理

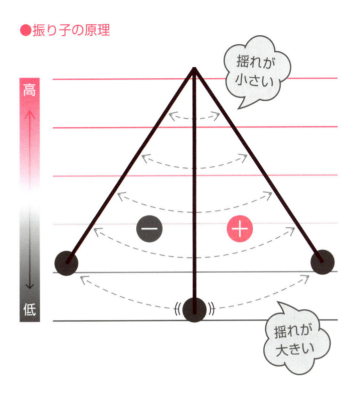

高い周波数帯の位置に近づくほどに、ゼロポイントに近づく

「ということは、やっぱり、できるだけ高い周波数帯の中にいればいいんだな」

ここで再び、改めてそう思われたことでしょう。

そのとおりです。
わたしたちが**心の平安を保つためには、できるだけ高い周波数帯にいるようにすればいい**のです。

高い周波数帯の位置にいられるようになれば、すべてのことを軽い心持ちで捉えることができて、より幸せを感じられます。

もちろん、**高い周波数帯の位置にいたとしても、この世界は"ゆらぎの世界"ですから、**

問題がまったく起こらなくなるわけではありません。

　また反対に良いことがずっと続くわけでもありません。それが波の世界のルールです。

　しかし、**人生の中で常に巡ってくるプラスとマイナスというゆらぎの波の世界を、より客観的に、より心地よく捉えることができる**ようになります。

　そして、**たとえ問題が起きたとしても、「全く問題ない！」あるいは「別に大丈夫！」という自分に自然になれる**のです。

　それは、**人生に起きるプラスのこともマイナスのことも"ありのままに"受け入れ、どちらも楽しむことができるという境地**です。

　それは、振り子の原理で言えば、**一番上のゼロの地点で、プラスのことも、マイナスのこともすべてを受け止め、観止めながら生きていく、**

ということであり、それこそが「ゼロポイント・アプローチ」なのです。

　プラスもマイナスもない**ゼロの地点は、プラスとマイナスの差がない世界＝差取り＝悟りの境地**ともいえる地点であると言えるでしょう。

　"ブレない自分"という表現がありますが、実際に、ゼロポイントに近いほどブレない自分になれるのです。

●ゼロポイントから見る世界

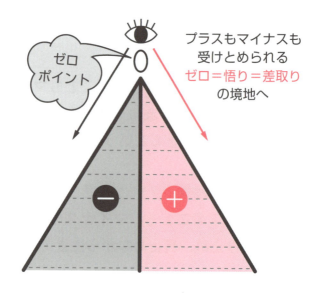

ゼロの視点なら人生は
ゲームとして遊べる

　ゼロの視点なら、人生をゲームのように捉えることだって可能です。

　それでは、人生をゲームとして遊ぶときのコツをご紹介しましょう。

　たとえば、誰でもエネルギーに満ちあふれているときは、「今なら、なんでもできそう！」と思えたりします。
　そんなときは、それまでの自分なら「ちょっと勇気がないな」とか「怖いな！」と思っていたことも、思い切ってチャレンジしてみるのがおすすめです。

　たとえば、「今の自分はノッているな」というときなどに、それまで準備をしてきた資格試験を受けたり、ずっと好きだった人に告白してみたりなど、いつもの自分ならできないことや、新しいことなどに挑戦してみるのもいいでしょう。

そんなときは、**思い切ったチャレンジだって上手くいくことも多く、今いる周波数帯から、より高い周波数帯に移行しやすくなります。**

　反対に、エネルギーが落ちているな、と感じるときは休息を取り、エネルギーの充電につとめるようにしましょう。
　そんなときに、**無理やり大きなチャレンジをしたりすると、より低い周波数帯に落ちてしまう**こともあります。

　ゆらぎの波はつねに上下を繰り返しています。
　人生のゆらぎの波を乗りこなすことができると、毎日が、さらにハッピーに過ごせるょうになります。

　ぜひ、**人生の波を上手に乗りこなしながら、ゼロポイントの境地を目指して**みてください。

●低い周波数帯の波から高い周波数帯の波に乗る

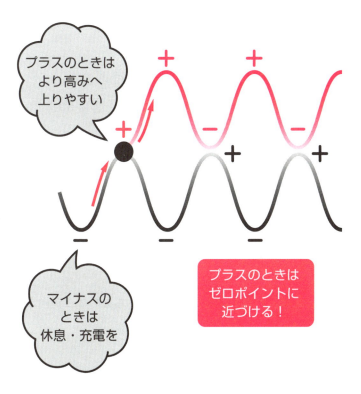

ゼロポイントに近づく 「上向き思考」

　ゼロポイントの位置から観る視点こそ、あなたに用意された幸せの視点と言えるものです。

　幸せの視点から見える世界は、あなたにふさわしい、ラクで無理のない、楽しい世界です。

　そんな視点を持つコツは、**「上向き思考で生きる」**こと。
　たとえば、わたしたちがよく陥(おちい)りがちなのは「前向き思考」です。

　第1章でもご紹介した「ポジティブ・シンキング」が上手くいかないケースを思い出してください。
　わたしたちは、なにかと「頑張って、前向きでいなきゃ！」「何があっても、ポジティブでいよう！」と無理やり前向きの状態になりがちです。

でも、そうなると、**ポジティブ V.S. ネガティブという二元論にハマってしまい、逆に自分自身の周波数を下げて、結果的に低い周波数帯に移動してしまいがち**です。

すると、問題などがあったときに、なぜか解決しづらい状況に陥ってしまうのですね。

この状態は、イラストの三角形のチャートの**前後だけ＝プラスとマイナスの部分だけを意識している**状態です。

それよりも、**プラスとマイナスから離れた上向きのエネルギーの方向**を意識するようにしてみてください。

これをゼロポイント・アプローチでは「上向き思考」と呼びます。

「上向き思考」とは、肩ひじを張りながら「もっと頑張ろう！」と思うのではなく、肩の力を抜いて**「今の自分の目の前にある状況をどのように楽しも**

うか？」と考える思考法です。

　こんなふうに、人生をゲームのように考えられるようになれば、たとえ目の前の困難な問題も解決しやすくなるのです。

●上向き思考でいこう

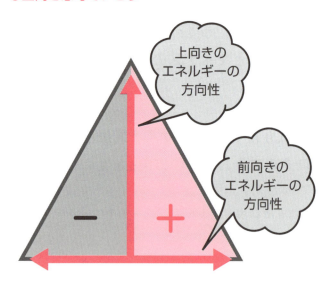

「今」が変われば、過去・未来も変わる——パラレル・ワールドを移動するということ

 それではここで、「あなたが今いる場所で、あなたの世界は変えられる」ということをもう少し掘り下げてみましょう。

 それは、**あなたの"今"が変わると、"過去"も"未来"も"同時に変化"する**ということです。

「それってどういうこと？」

 過去も未来も同時に変わるということが信じられない人もいるかもしれませんね。

 まず、**ゼロポイント・アプローチで大切なのは、「今・ここ」**です。

ゼロポイント・アプローチでは、過去・現在（今・ここ）・未来が同時に存在していると考えています。

つまり、「今・ここ」の位置に、「今・ここ」に対応する過去と未来が一緒に内包されているのです。ということは、**あなたが「今」存在する周波数帯が上下することで、あなたの過去や未来も常に一緒に変化している、**ということなのです。

●今と一緒に過去も未来も変化する

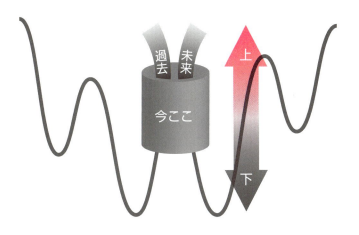

わたしの元を訪れるクライアントにも、そんな現象がたびたび起こっています。

ここでは、あるひとつの例を挙げてみましょう。

あるクライアントで、娘さんが登校拒否になって引きこもってしまい困っているとのことで悩み、わたしの元を訪れた方がいらっしゃいました。

このような場合、わたしはどうしてそのようになった

のか、などの**状況を聞かずに、クライアントに周波数帯を移動することだけにフォーカス**していただいています。

　すると、そのクライアントの場合は、その方の周波数帯が上がった途端に、娘さんには直接何もお話などされていないのにもかかわらず、娘さんが突然再び学校へ行くようになり、クライアントも驚かれたことがありました。

　これは、**クライアントの「今・ここ」の周波数帯が変わったことで、同時に「未来」が変わり、自分のレールに出現する娘さんも同時に周波数帯に見合った娘さんに変わった**ということなのです。

　クライアント自身の周波数帯が変わると、まるで、本人が違う宇宙に一気にワープしたかのようなミラクルだって起きます。
　これは言ってみれば、**クライアントは自分の望む宇宙＝理想のパラレル・ワールド（並行現実）**

に移動した、ということなのです。

そして、そこでクライアントが出会ったのは、理想のパラレル・ワールドにいる娘さんなのですね。

パラレル・ワールドといっても、難しい世界の話などではありません。

じつはあなたも日々、自分で体験していることなのです。

ちなみに、マサチューセッツ工科大学の哲学教授ブラッドフォード・スコウ博士によると、時間は流れておらず、むしろ止まっていると考えていると言います。スコウ博士が提唱するスポットライト理論でも**「過去・現在・未来が同時に存在し、スポットライトの照らす現在がその空間を移動していく」**と考えているそうです。

少し難しく感じたかもしれませんが、あなたはそんなメカニズムを知る必要はまったくありません。

原因が横たわる過去と、その結果が訪れるはずの未来という二元論に囚われずに、あな

たの「今・ここ」の周波数帯を上げること
1点にフォーカスすればいいのです。

　あなたが、「今・ここ」に意識を集中すればするほどに、あなたの「過去」や「未来」も望んだ宇宙のパラレル・ワールドに移動します。
　そして、

あなたの人生は変わるのです。

バシャールの語る「時間」「パラレル・ワールド」「ワクワク」について

　とはいっても、この三次元で人間として生きていると、時間の在り方や捉え方、パラレル・ワールドなどについ

て、まだ、ちょっとピンとこない人もいるかもしれませんね。

果たして、時間やパラレル・ワールドについて、地球外の存在からはどう見えているのでしょうか？

そこで、ここではあの**ワクワクでおなじみのバシャールがこれらについて、どんなふうに語っているか**をご紹介してみましょう。

■時間について——by バシャール

皆さんはこの惑星に長い間存在していますが、時間はイリュージョン、幻想です。

皆さんが「過去」「現在」「未来」と呼ぶものはすべて、たった今、同時に存在しているのです。

すべては今、ここに同時に起きているのです。

しかし、たくさんのさまざまな過去生があるのと同時に、未来についても多くの可能性があります。

そういう意味において、「これが未来だ」という固定された未来はありません。

『バシャール2006 バシャールが語る魂のブループリント』
Extra 未来への扉 P2 より抜粋（ダリル・アンカ / バシャール VOICE)

■パラレル・ワールドに移行することについて——by バシャール

　量子物理学者の多くは、いわゆるパラレル・ワールド＝並行する現実の概念について理解しはじめています。

　パラレル・ワールド、平行する現実の概念とはこういうことです。
　あなたが、この人生であることをしようと決断し、実際にその行動を起こしました。
　ということは、あなたに可能だった他の決断、行動はなされなかったことになります。

　けれども、それらの「なされなかったこと」は、他のパラレル・ワールドの中で、あなたのさまざまなバージョンによって同時に起こっているのです。
　パラレル・ワールドは無限にあって、体験しうる経験は、すべて同時に起こっています。

　その無限の現実のうち、どれを実際に体験するかは、皆さんの波動・周波数によります。
　周波数によってフォーカスされる体験を皆さんは実際に体験しているのです。

皆さんが変化を決断すると、そのたびに皆さんの周波数は別の波動に変わります。
　そして、自分の周波数を変え、波動を変えるとき、以前にいたひとつの世界から平行する現実、パラレル・ワールドに移行するのです。

　自分の意識の中でフォーカスする波動を変えると、その新しい波動によって、平行する現実を体験することができるのです。

　意識の中に同時に存在している別の体験に移っていくのです。

『バシャール2006 バシャールが語る魂のブループリント』
Extra 未来への扉 P2~3より抜粋（ダリル・アンカ / バシャール VOICE）

あのバシャールも、ゼロポイントという言葉は使わないまでも、同じことを語っていることがわかりますね。

■ワクワクとは？——by バシャール

　では、定義を言います。
　ワクワクというのは、皆さんが一番高い波動で

振動しているときに、肉体的に感じる体験です。
　肉体的な体験から言うと、とてもエネルギーに満ちている感覚です。

「自分は誰か」という存在の表現、波動がワクワクです。
　それが皆さんを導いていく信号になります。

『バシャールのワクワクの使い方　実践篇』
(バシャール/監修本田健　VOICE)　P29、32 より抜粋

　バシャールの言う「ワクワクしながら生きる」とは、過去も未来もない「今・ここ」というゼロポイントで生きることでもあったのです。

さあ、あなたは、どんな「今・ここ」の周波数帯を選択して生きますか？

第 2 章 ● パラレル・ワールド移動メソッド「ゼロポイント・アプローチ」とは？

Column 1

ゼロポイント・アプローチにたどり着いた理由——「人生のホログラム理論」を開発

　ここでは、どのようにわたしがゼロポイント・アプローチにたどりついたのかをお話しましょう。

　もともとわたしは、世の中にあるセラピーやコーチング技術などを実践する過程で、21世紀のパワーセラピーともいわれていた、アメリカの博士が開発したある心理技術の協会の副会長を務めていました。

　そのテクニックはとても効果的で、今でも多くの精神科医やカウンセラーの方に支持されているものです。

　しかし、多くのケースに携わるうちに、どんなに画期的、革命的だと言われる手法を試しても、クライアントの問題や悩みの中には解決できないものや、前の状況に戻ってしまうケースがあることがわかりました。

そして、**「心という次元」だけで問題を捉えている限り、真の解決は難しい**と感じはじめたのです。

そんなときに、直観で「これだ！」とひらめいたのが、人生のメカニズムを解き明かす**「人生のホログラム理論」**です。

じつは、この話の基礎になったのが神経生理学者のカール・プリブラム博士の提唱する**「ホログラフィ記憶モデル」**でした。

ご存知のように、「ホログラフィ」とは三次元の立体像を平面に記録・再生する技術のことです。

また、「ホログラム」の語源は、ギリシャ語の「すべて」を意味する「ホロス（Holos）」と「記録したもの」を意味する「gram」を合わせたもので、ホログラムとは「光と空間的情報のすべてが記憶されたもの」というものです。

驚くことに、このホログラムで制作されたフィルムは、どんなに細分化しても、特殊なレーザー光線を当てるとすべてのフィルムに被写体の全体像が浮かび上がるのです。

●ホログラフィ記憶モデル

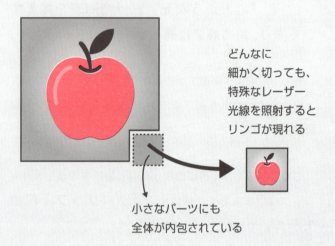

どんなに細かく切っても、特殊なレーザー光線を照射するとリンゴが現れる

小さなパーツにも全体が内包されている

　このようなホログラムの現象を、カール・プリブラム博士は脳における記憶の仕組みに当てはめ、「脳の記憶は特定の場所に蓄積されるのではなく、脳全体に分散している」という仮説を唱えました。

　わたしはその仮説を読んだときに、**「これは脳の記憶モデルではなく、人生のメカニズムなのではないか？」** と直観したのです。
　そこで、このホログラフィ記憶モデルを人生という枠組みの中に取り入れた構造（モデル）をつくることにチャレ

ンジしてみたのです。

　まず、ホログラムのフィルムに該当するネガフィルムが**「魂の課題」**だと仮定してみました。
　そして時空が二元性に分割される前の一元の世界に、そのネガフィルムである「魂の課題」を置くことで理論をまとめていったのです。

　最終的には、人は**生まれる前の世界のネガフィルムに「プログラムコード」として「魂の課題」を設定して生まれてきた**と仮定することで、人生のホログラフィックモデルを創りあげることができました。

　生まれる前の世界のネガフィルムに「プログラムコード」として「魂の課題」を設定して人は生まれてきたと仮定してみると、そのコードはホログラムのように人生全体に現れる構造になります。

　たとえば、**自分の魂が「自分を愛することを学ぶ」という課題を持っている**とすると、どの年代でも、「自分を愛することを学ぶ」という**課題が現象化される**という具合です。

それは、**魂全体に影響を与えるので、今世の人生だけでなく、すべての転生において現れる**ことになります。

　このように考えると、「自分を愛することを学ぶ」ことを終えるまで、つまり魂の「プログラムのコードを書き換える」までは、今世に限らず前世から、はたまた未来世に及ぶまで、その魂のどんな人生にもプログラムコードの映写（反映）は現れ続けるということがわかります。

●人生のホログラム理論

1	2	3	4	5	6	7	8	9	10
11	12			15	16			19	20
21									30
31									40
41	4							9	50
51	52							59	60
61	62	63					68	69	70
71	72	73	74			77	78	79	80
81	82	83	84	85	86	87	88	89	90
91	92	93	94	95	96	97	98	99	100

20才

自分を愛するというコードがある場合、
人生のどのステージでもそれは現れる

つまり、これが、あるひとつの過去生のセラピーを行っても、なぜか解決できない事象が現れ続ける要因なのです。

なんとか、この人生の課題が常に現れるという、無限ループの状態を解消できないだろうか？

このことを考え続けていたときに、その解決法として、ゼロポイント・アプローチによる**「周波数を上げてプログラムコードをクリアする（≒魂の課題が終わった世界を映写するパラレル・ワールドの世界にワープする）」**という方法を思いついたのです。

先述の課題であれば、周波数を上げることで「自分を愛することができた」というパラレル・ワールドに移動するということです。

これによって、「過去にこんなことが起きたから、それが傷になっている」というトラウマ論や原因と結果にもとづく因果関係を考慮する必要もなくなりました。

以降は、わたしもカウンセリングのセッションにおいて、クライアントから、その人が悩んでいる問題を長々と聞く必要もなくなったのです。

ゼロポイント・アプローチには、つらい努力も練習も必要ありません。

　もし、あなたの生まれる前の魂のネガフィルムに、例えば、**「腐ったリンゴ」の形で「自分を愛せない」というプログラムコードがあり、そのために苦しみ続けているなら、「自分を愛せる」という「新鮮なリンゴ」の形のプログラムコードに**変えることで、**別のパラレル・ワールドに移動してしまえばいい**ということなのです。

COLUMN 2

過去生あるあるの典型版、 「前世が修道女だったから 結婚できない」ってホント⁉

「わたしは前世が修道女だったから結婚できないらしいんです……」

　霊能者にそのように言われたと傷ついて嘆きながら、わたしの元に訪れる女性がこれまで何人もいらっしゃいました。
　さまざまなセラピーやヒーリング、占いなどにおいて、自分の過去生を観てもらう人も多いでしょう。

　そんなときに、「かつて、〇〇〇として生きた過去生だったから、そのときの〇〇〇が今の人生に影響している」などと言われたりすることも多いようです。

　そして、そんなケースで多いのが**「前世が修道女だったから、あなたは結婚できない」**と言われてしま

うパターンです。

　それは、「前世で神に一生を捧げるシスターとして生きる人生を送ったことがあり、そのときの人生が今回の人生に影響している。要するに、今回の人生でもそのときの人生のように独身で過ごすことになる」というのです。

　そんな悩みを抱えてわたしの元へ来られた方へ、わたしは、いつも次の言葉を伝えます。

「過去生なんて、別に、すぐに変えられるよ」

ということです。

　ゼロポイント・アプローチは、その過去生の傷なりトラウマなりの影響を癒し、傷を修復することなど一切必要としない方法論です。
　そもそも**魂には「傷などついていない」**のです。
　傷がついているとクライアントが思い込んでいる（信じ込んでいる）ことはあっても、幾層ものパラレル・ワール

ドの中で永遠の学びを目指す魂が自傷行為のように自ら魂に傷をつけるわけがありません。
　それは単に魂の体験のひとつとして経験をしているということに過ぎないのです。

　そういうときも、シンプルにゼロポイント・アプローチを使えば大丈夫です。
　今の自分の周波数帯を変えることで、修道女だった過去生から、お姫様だった過去生にワープしてみてもいいでしょう。
　その人が本当にかつて修道女であったかどうかは、とりあえず置いておいて、ゼロポイント・アプローチを使うことで過去生の問題は問題ではなくなります。

　ワープした先のパラレル・ワールド（並行現実）の宇宙には、もう修道女だったあなたの過去生は存在しません。
　だからこそ、あなたの人生には、過去生というものはこれから何の影響も及ぼさないのです。

　必要なことは、あなたが今いる地点の周波数を上げることだけ。

　ただ、それだけなのです。

第 3 章

パラレル・ワールドへ瞬間移動するコツを大公開！

目からウロコの超簡単！
超シンプル！
ゼロポイント・アプローチ

「ゼロポイント・アプローチって、なんだかすごい！でも、マスターするのは難しいんでしょ？」
「瞑想とかしながら、ゼロポイントに行くんですか？」

　ここまで読んでくださった方は、そう思われたのではないでしょうか？

　じつは、**ゼロポイント・アプローチは、瞑想などの精神修養なども必要なく、とてもシンプルな方法でゼロポイントに至る方法論**です。

　もしかしたら、これからご紹介する幾つかの方法をお伝えすると、あなたは驚くことでしょう。

「え？　そんなことでいいの？」

「これだけ？」

そうお感じになられるかもしれません。

しかし、常に真理はシンプルです。

ゼロポイント・アプローチは、シンプルに理想のパラレル・ワールドにあなたを誘(いざな)います。とても簡単ですから、あなたも今日から取り入れてみてくださいね。

それでは早速、理想のパラレル・ワールドにワープする方法をご紹介しましょう！

I

身体を使って理想のパラレル・ワールドにワープする

身体の方向を上向きにする

　まずは、身体の方向性を使って、パラレル・ワールドを瞬間移動していく方法です。

　ポイントは、「**身体の方向を上向きにする**」ということです。
　身体の方向が上向きになると、自然にあなたのいる周波数帯も上がっていくのです。

　驚かれるかもしれませんが、たった"それだけ"で変わります。

手のひらを上に向ける

手のひらを上に向けるだけで、高い周波数帯に移動することができます。

今すぐこの場で実験をしてみてほしいのですが、10秒ずつでいいので手のひらを下に向けたときと、上に向けたときの気持ちの変化を比べてみてください。

いかがですか？

下に向けたときよりも、上に向けたほうが、なんだか"心が軽くなった！"と感じませんか？

まるで、**手のひらにも"意識"があるかのように、手のひらが上を向くことで意識も上向きになり、心が軽くなるのです。**

瞑想や座禅などを行う際に、手のひらを上に向けて瞑想や座禅を行っている人も多いように、**心を落ち着けたいときは、わたしたちは自然と手のひらを上に向けるようになっている**のです。

●手のひらを上に向けるだけで心が軽くなる！

手のひらを下に向ける

　反対に、**手のひらを下にすると意識は下向きになり、気分も沈みはじめます。そして、気分が沈み過ぎると心は暗くなりがちです。**

　たとえば、お葬式などの暗い場面では、手を下向きに重ねていることが多いはずです。
　故人を偲ぶ場面などでは、自然と人は手を下向きにしているものです。

　また礼儀や協調性を重んじる場面において、相手を尊重し、"控え目に"する必要がある場合は、誰もが自然と手のひらを下に向けていたりします。

●手のひらを下に向けると意識も下を向き、
手を重ねると"控え目"な心持ちに

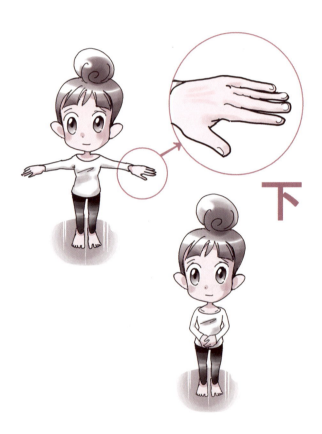

背筋を伸ばす

　背筋をまっすぐに伸ばすと身体のラインがすっと伸びて、顔が自然に上向きになり、それだけで、高い周波数帯に移動できます。

　背骨を伸ばして顔もまっすぐ前を見るようにすると、**自然に気持ちが軽くなります。**

●背筋を伸ばせば、気持ちもまっすぐ軽くなる！

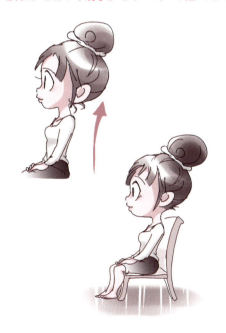

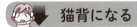 猫背になる

　反対に、**猫背になると背筋も曲がって顔が下を向くことになり、低い周波数帯に移動**します。
　落ち込んだりすると、誰もが自然に顔を下に向けてうつむきかげんになってしまいますが、そうなると、さら**にマイナス思考にハマってしまいがちです。**

●猫背になると背筋も曲がって、暗くなりがちに

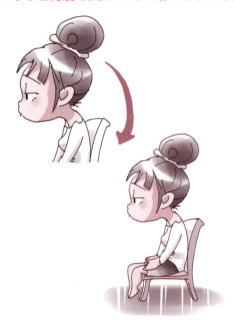

気分が落ち込んだときには、常に**"胸を張る"**ということを意識してみましょう。

　また、肩の位置が身体の内側に入ると猫背になりやすいので、肩に意識を置いて、肩を反らすように心がけるのもポイントです。

**　肩が外に開くと、自動的に胸が上に持ち上がり、上向きで軽い気分になることを感じられるでしょう。**

⬆ ぴょんぴょんと高く飛び跳ねる

　直立の姿勢で**ぴょんぴょんと高く飛び跳ねるだけで高い周波数帯に移動**します。

　デスク仕事や単純な作業をしているときなどに、気分転換にこの動きを行ってみてください。

　ぴょんぴょんと飛び跳ねるだけで、**意識がシフトするのがわかるかもしれません。**

　ポイントは、"高く跳ぶ"ということではなく、**"上へ上へ"という意識を持つこと**です。

　落ち込んだときや、重い気分のときなどに行うと、

瞬時に気分が変わるのを実感できるはずです。

●ぴょんぴょんと飛び跳ねるだけで、
　気持ちも上にアガる！

Zero point Note
身長の高低は関係ナシ

高い周波数帯に移動するには、自分自身の身体を、文字通り上向きにするということです。
「では、背の高い人は背の低い人より高い周波数帯にいるのですか?」と疑問に思う方もいるかもしれませんが、身長の高低はまったく関係ありません。

じつは、背が高い人の方が意外と猫背になりがちだったりします。
これは、無意識レベルで周囲との協調性を図ろうとしている場合が多く、自分を後回しにしてしまいがちになるためです。
反対に、背の低い人の方が周囲と目線を合わせようとして、常に顔を上向きの状態にしていることも多いはずです。

どちらにしても、**身長の高低にかかわらず、自分の身体の方向性を上向きにする**ということを心がけてみましょう。

Zero point Note
低い周波数帯に自分を置いてしまうポーズ

わたしたちには、日々の生活シーンの中で何気に無意識的に行っているポーズやジェスチャーなどがいくつもあります。

その中から、**周波数帯を下げるものを幾つかご紹介**しましょう。

「あ！ そういえば、こんなポーズをよくやっている！」という方は、できるだけそのポーズを習慣化しないように意識するだけでも、常に高い周波数の中に自分を置くことができるはずです。

 腕を組む

 椅子に座るときに足を組む

 真下を見る

●腕を組んだり、足を組んだり、下を向くと
気持ちもサガる

腕を組んだり、椅子に座るときに足を組んだり、下を向いたりする動作は、**身体を歪めてしまうことになり、あなたの周波数を下げてしまう**ことになります。

　たとえば、会議やミーティングなどを行う際には、その場の参加者に腕を組んでいる人が多いだけで、その会はより重々しい雰囲気で、内容もはかどらないものになってしまうはずです。

　基本的に、**会議やミーティングは、そこに集まっている人々の共鳴作業によって進行する**ものです。

　ということは、いくら自分ひとりが上向き気分でいたとしても、そんな人たちが集まっている会議やミーティングに加わるだけで、**その場の周波数に影響を受けてしまう**のです。

　もし、上向きな会にしたい場合は、できるだけ参加者たちが**意識的に腕や足を組まないようにしたり、真下を向かないようにするだけでも、**

生産性の高い会議やミーティングができるようになるでしょう。

II

言葉を使って理想のパラレル・ワールドにワープする

言葉は光のバイブレーションであるという「光透波(ことば)」の考え方

　言葉の使い方ひとつでも、周波数帯は一気に上昇します。

　言語研究者であった故小田野早秧(おだのさなえ)さんが、「**言葉は光のバイブレーションから成っている**」として、「**光透波(ことば)**」と言う造語を提唱していますが、まさにコ・ト・バとは、その使い方次第で、より透明な光のエネ

ルギーになりえるものと言えるでしょう。

　つまり、**より無色透明な光に近い言葉を使うことで、わたしたちはゼロポイントに近づくことができる**のです。

　ご存知のように、言葉には「良い言葉」と「悪い言葉」があります。
　この「良い・悪い」という軸に加え、ゼロポイント・アプローチでは「軽い言葉」と「重い言葉」という「軽い・重い」の軸を加えた**「言葉のエネルギー・マトリックス」**というフレームワークで言葉のエネルギーの世界を説明しています。

　たとえば、第1章で「ありがとう」という言葉がすばらしい言葉だから、何度も言うことで開運していく、というメソッドを行いながらもその効果に悩んでいる方の例をご紹介しました。

　すでに、もうおわかりかもしれませんが、**「軽い言葉」を使うと、あなたのいる周波数帯は上昇し「重い言葉」を使うと周波数帯は下降します。**

第1章でも解説したように、「ありがとう」という「良い言葉」が「軽い言葉」として使うことができれば周波数帯は上がります。

　しかし、「ねばならない」という義務感から「重い言葉」になってしまうと、いわれているような「素晴らしい効果」は実感しにくくなるのです。
「ありがとう」の言葉の効果を実感しにくくしていたのは、じつは、この言葉の使い方だったのです。

　会話をする際は、良い言葉・悪い言葉という軸よりも、言葉の軽さ、重さを重視した「軽い言葉」を使うことが理想のパラレル・ワールドに移動するコツです。

　言葉が「光透波（ことば）」であるための言葉の使い方として、次のようなコツを心がけてみてください。

●言葉のエネルギーマトリックスチャート

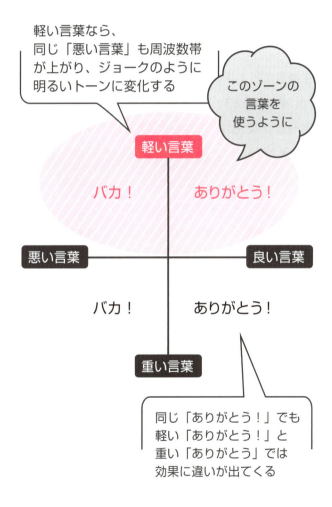

「でも」を「それで」に変換してみる

　会話をするときに、ついつい「でも」や「〜だけど／〜だけれども」という言葉を多用する人は多いものです。
　じつは、「でも」や「〜だけど／〜だけれども」を使えば使うほどに、周波数は下がってしまいます。

　そこで、「でも」や「〜だけど／〜だけれども」という言葉を使いそうになったら、**「それで」という言葉に置き換えて表現してみましょう。**
　会話によっては、「それでね」という言葉に置き換えてもいいでしょう。

　たとえば、「彼はいい人なんだよね。**でも、**グチっぽいところがあるから、彼の話を聞いていると僕は疲れてしまうんだ」と言いたいときに、「でも」という表現を使わずに「それでね」で表現してみると次のようになります。

「彼はいい人なんだよね。**それでね……、**グチっぽいところもあるから、彼の話を聞いていると僕は疲れてしまうんだ」

という表現に変えて話すのです。

ここでのポイントは、**無理をして彼のことを肯定的に話そうとしないこと**です。
あなたが疲れてしまうこと自体は、まったく隠す必要はないのです。
じつは、その隠そうとする意識を持つことで、かえって疲れてしまうことがあるのです。
無理をして肯定的に話そうとすることで、無意識に身体が硬くなり疲れてしまいます。

さらに心理療法のテクニックを学んだ方は、否定はダメだと考えて肯定的に話そうとするときがありますが、じつは、この**肯定的に話そうという気持ちが強すぎると、言葉は重くなってしまう**のです。
「ねばならない」という気持ちで使った言葉

は、常に重くなります。

これでは、気分も下がることになりますね。

また、**「軽い言葉を使わなければならない」となると、これもまた「重い言葉」になってしまう**ので、あまり神経質にならずに、**気楽に「それで」や「それでね」を使ってみてください。**

このように、会話をする際に「でも」を「それで」や「それでね」に変えて使うと、常に上向きの楽しい感覚で生きやすくなります。

ぜひ、今日から言葉の変換法を実践してみてください。

Point

「でも」を「それで」や「それでね」に変えて話す

会話の中で「でも」を使う

否定性の否定から抜け出す

　ゼロポイント・アプローチでは、**「悪口（不平・不満）は言ってはいけないものだ」と、「悪口に対して、心の中で悪口を言ってしまう」状態のことを「否定性の否定」と言っています。**

　わたしたちは、常にポジティブな状態でいようとして、「これは悪いことだから、言ってはいけない」とか「ネガティブな言葉はダメだ」として、否定的な性質を避けて（≒否定して）生きてきました。

　しかし、この「否定性の否定」の状態に一旦ハマってしまうと、結局、自分が最も嫌っていたはずのマイナスのスパイラルから抜け出すことが難しくなり、周波数は下向きに下がっていってしまいます。

　実際に、胃痛を抱えている人には、この否定性の否定を実践してしまっているタイプが多かったりします。「悪いことは言ってはいけない！」と自分の中にどんど

ん否定的な言葉を飲み込んでしまい、ストレスから胃腸を壊してしてしまうのです。

とはいっても、「ポジティブになれ！」と無理やり肯定しようとすることも、逆に二元性を強めてしまうことになってしまいます。

そこで、その対策として、わたしがおすすめするのは**「愚痴（不平・不満）」を、ジョークのように軽い言葉で明るく楽しく話す**ということです。

つまり、**心のガス抜きとして愚痴を上手く使う**ということです。

たとえば、飲み会などで、ワイワイと皆で盛り上がりながら、「ねー、普通あんなこと言う？　本当に〜、あの人って、困った人だよね〜（笑）」というように、軽い調子で愚痴をあっけらかんと明るく口にする方法です。

この場合、「言葉のエネルギー・マトリックス」では、たしかに、**「悪い言葉」**ではあるのですが、「嫌

な人」という言葉も、軽く明るいジョークのように表現することで「軽い言葉」になり、案外、その場でも嫌みな印象ではなくなります。

　ストレスが溜まっていた方も「あの人って、嫌な人だな」と心の中に溜まっていた"重たい想い"を吐き出せて、心がスッキリと晴れ晴れした気分になります。

　つまり、「悪い言葉」さえも軽い言葉として使うことで、自然な形で無色透明な周波数帯に移動できるのです。

●ジョークのような明るい愚痴なら、嫌みもなく
"軽い言葉"になり周波数帯も低くならない

Point

 重い愚痴にならないように、
悪い言葉を使うときには、
軽い言葉で明るく言おう！

犬のおしっこ理論

「あのときにあんなことになったから、今、こうなっている」
「3年前の間違いさえなければ……」
　などと、わたしたちは**ついつい過去の話をしてしまいがち**です。

　これを、自著の『悟る技術』（ヒカルランド刊）では、「犬のおしっこ理論」としてご紹介しました。

　これは、犬が自分の縄張りを確認するために、無意識におしっこを嗅ぎまわるように、人間も「過去の出来事」を無意識に思い出して、そこから抜け出せなくなってしまうことがある、ということです。
　そして、その結果として周波数を下げてしまうのです。

　過去の話をするということは、原因と結果の関係性による二元論で物事を捉えているということです。

過去の話をすることで、「今・ここ」という瞬間に生きることができなくなると、人の意識は、どんどん下向きになり周波数を下げてしまうのです。

　よく、「過去の過ちから学べ」と言われますが、過去の過ちを何度も思い出そうとすることは、周波数を上げるという観点からは百害あって一利なしです。
　今という一点に意識をフォーカスして、周波数を上げる工夫をしましょう。
　それが理想のパラレル・ワールドに移動するコツです。

Point

過去の過ちを反省し過ぎると、
二元論の思考に陥ってしまう。
「今・ここ」にフォーカスして
周波数を上げていこう。

III

色を使って理想のパラレル・ワールドにワープする

周波数の変化を把握できる「3Dスケーリング」

「良い」と「悪い」、「正しい」と「間違い」などの二元論からどうしたら脱却して自由になれるのだろう？

　そんなわたしがたどり着いたのが、**「言葉や感情を色・形・大きさ・触感」**などでたとえることによって、周波数の変化を把握する**「3Dスケーリング」**という方法論です。

この方法を用いると、状況が改善しているかどうかを第三者でも客観的に知ることができるのが特徴です。
　たとえば、**濃い色や暗い色であればあるほど、また、大きさが大きいほど不快な状態を示す傾向が強い**のです。

　反対に、明るい色から無色透明に近い色になればなるほど、快適な状態を示す傾向が強いことがわかっています。

　第1章では「ありのままでいい」という生き方が「どんなありのままでいい」のかと、悩む人のケースをご紹介しましたね。
　その人に向けて、わたしは、「あなたの"ありのままでいい"という言葉は何色ですか？」という質問をしました。

　そして、もし、その色が黒や茶色、灰色など暗い色だったら、「ありのままでいい」ことに重荷を感じているのかもしれない。

　けれども反対に、その色が明るくて、より無色透明に

近い「ありのまま」だったら、本来の意味での「ありのまま」をきちんと受け止められているかもしれないとお伝えしました。

　これがつまり、3Dスケーリングの考え方なのです。

　従来の心理手法では、たとえば0～10点などの点数方式を用いて不快度を測る方法が一般的でしたが、クライアントがゼロと申告したケースにおいても、まだ3Dスケーリングを用いると色がついているケースが多くみられます。

　つまり、3Dスケーリングは、従来ある手法に比べて、心理的変化をより細かく理解できる方法論だとも言えるのです。

　心理セラピーにおいては、主に感情の変化を把握することに使用することが多いのですが、それ以外でも、「身体の痛み」や「苦手な人の印象」、さらには「問題と感じていること」などを**3Dスケーリングで無色透明に近づけていくと、どんな問題も解決に向かいやすくなります。**

色にたとえるということ

では、問題の対象や気になることを「色にたとえる」とはどういうことなのでしょうか？

じつは、色にたとえるということは、**二元論における「善」や「悪」、「好き」や「嫌い」、「上」や「下」、「プラス」や「マイナス」などの極性から脱する**ということです。

当然ですが、「茶色」や「黄色」「緑色」などの色の世界に抜け出してしまえば、ふたつに分かれていた「善」や「悪」も「好き」や「嫌い」という二元論の概念も自然に消失します。

たとえば、「苦手な人」を色でたとえることを繰り返していると、「黒」→「茶色」→「ベージュ」などと色が変化していくだけなので、**無意識レベルで、自然なうちに二元論から離れていくことがで**

きるのです。

　つまり、色という要因を用いることで、二元論における**二つの極性の間の差を取る＝差とりをする、**ということになるのですね。

　3Dスケーリングは色を用いることによる意識転換のメソッドであり、二元論を脱し、自然に「今・ここ」に生きられるようになる方法論です。

　つまり、「差とり」＝「悟り」の境地に近づくことも可能になるのです。

3Dスケーリングにトライ！

　では、ここで3Dスケーリングはどのように使えばいいのか、ひとつの例を挙げて実践してみましょう。

　問題や課題の「無色透明化」を行いながらゼロポイン

トに近づいていくためにも、P140〜166でご紹介した身体や言葉を使う方法を用いながら3Dスケーリングにトライしてみてください。

　ここでは、**シンプルに身体を使う方法を用いて、あなたの問題が「無色透明化」できるかどうか**を試してみたいと思います。

① まず、あなたにとって「苦手な人」がいれば、その人のことを想像してみてください。
あなたにとって、その人は「何色」ですか？
その人が何色であるかを自由にたとえてみてください。
そして、その色を覚えておいてください。

② それでは、次に両手を伸ばして手のひらを上に向けて、その場で何度かぴょんぴょんとジャンプしてみましょう。

③ そして、再びその苦手な人のことをイメージしてみてください。
その人は、何色ですか？
最初の色と変わりましたか？

④ 再び、先ほど同様に両手を伸ばして手のひらを上に向けて、その場で何度かぴょんぴょんとジャンプしてみましょう。

⑤ もう一度、苦手な人のことをイメージしてみてください。その人は、今度は何色になりましたか？

　上記を何度か繰り返していると、苦手な人の色は変化していきませんでしたか？
　この同じ質問をわたしがクライアントに対して行った場合、以上の①、③、⑤に関しては、大抵は次のようなケースになることがわかりました。

1）最初に苦手な人のことを思い浮かべてもらった場合

　そのほとんどは「黒」「灰色」「茶色」などダークな色であることが多く、もし、色と同時に大きさや質感や触感を訊ねたなら、「重い感じ」「大きい」「ガチガチ」「ざらざら」「岩のような感じ」というような表現が多く挙がっています。

2）その場でぴょんぴょんと跳んだ後に、2度目に同じ質問をしてみた場合

　ダーク系だったその人の色が「ベージュ色」「オレンジ色」「黄色」「緑色」など少し明るめの色に変化していることが多く、大きさや質感や触感も「ざらざら」からは「さらさら」へ、「大きい」感じからは「小さい」へ、「岩のような感じ」からは「プラスティックな感じ」などに変化していたりします。

3）再度ぴょんぴょん跳んだ後、3度目に同じ質問をした場合

　苦手な人の色は、「白」「色がついていない」「水色」など、無色透明に近づいてきます。また、大きさや

質感、触感なども、この時点になるとほとんど感じられない人もいます。

ここでの重要なポイントは、何度か飛び跳ねた後に、その「苦手な人」のことをどう思うか、と訊ねてみたら、苦手だった人のことが、「仲良くなりたい人」だとか「賢い人」とかに変わっていたり、場合によっては、苦手だったはずなのに、「好きな人」などに変化することもあることです。

そして、ここで注目したいのは、**あなたが心を変えたことで、「苦手」が→「好き」になったわけではない**ということです。

心は無理に変えようとしなくても、身体を変えると自然に変化していくのです。

身体は神体です。

高い周波数帯に至ることができるヒントが、「神（身）体」には隠されているのです。

もしも今まで、あなたが無理に心を変えようとしていたのであれば、心を変えるのではなく、身体を変えることを今日から意識してみましょう。

　自分の心の在り方が、自然に変わっていくことを実感できるでしょう。

　もちろん、何度かぴょんぴょん跳んでもしばらくは黒色のままの人もいれば、なかなか無色透明に近づかないこともあるでしょう。
　けれども、ほとんどのケースでは、この実験を何度か繰り返しながら**周波数帯を上げていくと、苦手な人が気にならなくなったり、問題自体が消滅していきます。**

　これが、3Dスケーリングの**ゼロポイントマジック**です。

ピンク色の効用

　周波数が上がる「色」に着目して実験を重ねるうちに、特に、**ピンク色には特別な効用があることが わかってきました。**

　たとえば、**ピンク色を見るだけで柔軟性がアップしたり、ピンク色の洋服を着たり、ピンク色のシーツを用いて眠るだけで身体の不調や不眠などが改善したり、その他、精神的な悩みも解消したりする**ことがわかったのです。

　考えてみれば、ピンク色とはわたしたちが母親の子宮の中で**細胞からヒトとして成長する過程で、最初に出会う色**です。
　母親の子宮という守られた空間で初めて出会うピンク色は、いわば母親から我が子に向けての**愛そのものの色**だと言えるでしょう。
　そんなピンク色に、わたしたちは母親の胎内から外に生まれ出て、さらには、**大人になったとしても**

安心感を覚え、安らぎや落ち着きを感じる
のですね。

　他にも、ピンク色には、**さまざまな効果があることが実験により証明**されています。

　たとえば、自著の『ぐっすり眠れるピンク色の魔法』(自由国民社刊)でもお話しましたが、刑務所で囚人たちが作業をする部屋にピンク色を使えば、囚人たちの攻撃性も抑制して作業の効率アップも可能になった研究もあります。
　また、幼稚園の園内にピンク色を使うことで幼稚園児たちもより積極性が出て元気に遊んだりなど、さまざまな実験データもあります。

　実際に、わたしも整体師の先生たちと協力してピンク色の効果について実験をしてみたところ、寝具をピンク色に変えただけで自律神経が整ったり、血圧が下がったりと、さまざまな効果があることが確認できました。

　特に、ピンク色でも**サクラ色のような薄いピンク色は、少し心が弱っているときや、落ち込**

んでいるときなど精神面に効果を発揮することがわかりました。

　一方で、**ビビッドな濃いピンク色は、身体を柔らかくしたり細胞を元気にしたりと、どちらかというと身体的な効果がある**ことがわかっています。

●サクラ色のピンクはココロに、
　ビビッドな濃いピンクはカラダに効く！

ピンク色の効果を感じるには、**ピンク色の洋服を着ること**が一番手軽にできる方法です。
　とはいっても、全身ピンク色の姿になる必要はありません。

●ピンク色の服を着るだけでHappyな気分になれる！

基本的には、**上半身にピンク色を持ってくるのがおすすめ**です。
　ワンポイントだけなら、ハートのチャクラのあたりにピンク色を持ってくるのがおすすめです。
　下半身は、きちんとグラウンディングをするという意味でもダークな色でまったく問題ありません。

　ただし、ピンク色を身に着けたくても、制服などがあったり、男性の場合は職場でピンク色の洋服を身に着けることが難しいケースもあるかもしれません。

　その場合は、ピンク色のスカーフなど小物を活用したり、タオルを上半身にかけたり（かけられる環境の場合なら）、寝る際にシーツをピンク色にするだけでも効果は感じられるでしょう。

　最近では、手の指の部分にピンクのテープを貼るだけでも効果が出ることもわかってきました。

　ピンク色は、どんなケースにも使える万能な「色のくすり」なのです。

このように、ピンク色の無限大の効果を、日常生活の中で楽しみながら試してみてください。

第3章 ● パラレル・ワールドへ瞬間移動するコツを大公開！●

COLUMN 3

ピンク色の効用に気づいたきっかけ ＆黒色の役割

　わたしがピンク色の効用に気づいたのは、ある偶然の出来事がきっかけでした。
　ある日、グループセッションで、クライアントをゼロポイントに近づけるワークを行っていました。

　ところが、男性のAさんと女性のBさんという二人のクライアントのうち、女性のBさんの方はわりとすぐに無色透明化していくのですが、男性のAさんの方は一向に無色透明化していきません。

　この二人の違いはどこにあるのでしょうか？
　お二人の性格でしょうか？
　それとも、柔軟性などでしょうか？
　いえ、それらは、無色透明化には関係なかったのです。

　二人の違いを見たときに、ふと気づいたのが、お二人の着ている"洋服の色"でした。

女性のBさんはピンク色のカーディガンを着ていたのですが、男性のAさんはアースカラーのような濃い緑色の服を着ていました。
　そこで、Bさんのピンク色のカーディガンを借りて、Aさんの上半身にかけてもらってワークをしてみたのです。
　すると、そこからAさんの無色透明化がすごい勢いで進んでいったのです。

　以降、ピンク色の効用については多くのクライアントを通してその効果をクライアントだけでなくわたし自身も大いに実感するようになり、セッションでも活用するようになりました。

　ピンク色や明るい色は周波数帯を上げる、ということをお伝えしていると、こんなことを聞いてくる方もいらっしゃいます。

「では、反対に、黒色は悪い色なのですか？」

　いえ、黒色だって決して悪い色などではないのです。

　たとえば黒色は、**真面目でシリアスな環境にい**

なければならないときにはぴったりの色です。

　誰もが葬儀などの場面では黒い喪服を着るように、喪に服したり、追悼の儀式の場などで重厚なエネルギーを共有する場には黒色はふさわしい色です。

　また、入試や就職試験の面接などには、誰もが黒色や紺色などのダークスーツに身を包みます。

　このように、どちらかというと、リラックスするよりも**緊張感を持って臨んだ方がいい場面や、笑顔よりも真剣な表情になる場面には、黒色などダークな色はふさわしい**のです。

　さらには、自分が黒色を着ると、より人を疑ったり、相手の粗を見る能力がアップします。

　ということは、身辺警護をするSP（シークレットサービス）や、刑事さんなど相手を疑うことや、相手を厳しい目で見ることも任務の一環である職業の人には、黒系のダークスーツはぴったりです。

●周囲を厳しい目で見る必要があるSPは、
　黒系のスーツはぴったり！

　全般的に、会社員の人たちはダークスーツを着がちですが、もし、快活に業務を進めていきたい場合は、暗めの洋服よりも明るめの洋服を選んだ方がいいでしょう。
　また、接客業など笑顔が欠かせない職業にも、やはり、ピンク色など明るい色を身に着けて臨むと、自然な笑顔での接客ができるでしょう。

　色はTPOに応じて活用してみてくださいね。

第4章

神道から生まれた
ゼロポイント・
アプローチ
——最高のマントラで
ワープする

「理想のパラレル・ワールドにワープする」と言う表現で一冊を通して語ってきました。
　そこで、「ゼロポイント・アプローチって、なんだか宇宙的(コズミック)なイメージだな〜」と思われた方もいるかもしれません。

　けれども、じつは、**ゼロポイント・アプローチの考え方は、日本の神道から生まれた考え方**なのです。
　さらに、この考え方は、**東洋の原始仏教にも通じる東洋の基礎となる考え方**です。

　つまり、**ゼロポイント・アプローチは、東洋哲学から生まれた方法論**なのです。

第4章 ● 神道から生まれたゼロポイント・アプローチ
——最高のマントラでワープする

「必要悪」の考え方が存在する日本の神道

　第2章において、わたしたちは、この世界にある「良い」と「悪い」をはじめとする二極の関係性である二元論に縛られていることをお伝えしました。

　けれども、**日本人は昔から「悪」という存在についても、「善と悪」という二極の関係性でみていなかった**ようなのです。

　例を挙げれば、日本の古い文献でもある『古事記』や『日本書紀』などには、「悪い神様」という存在が出てきます。

　たとえば、悪神とされる「禍津日神」などは、良い神、つまり善神である「直毘」の神様と対比する形で描かれていますが、決してそれは**「悪魔」という意味合いではなく、「禍さえも神である」という在り方**です。

これは、「**善神と悪神というふたつの神の関係性があってこそ、日本の神々の世界も進化していけるのだ**」と言うことでもあります。
　つまり、**善も悪も各々がお互いの存在を認めることで、より両者、そして全体が進化していけるのだ、という考え方が日本には古来からあった**のですね。

　この「**世の中には不必要なものはない**」「**世の中のどんなものでも役に立つのだ**」**とする日本の神道をルーツとする考え方を基盤として、伊勢神宮にてゼロポイント・アプローチは誕生しました。**

　このような考え方は、西洋における「悪魔」が「神」や「大天使」などと対立する関係とは大きく異なるものであると言えるでしょう。

　わたしたちは、この**「必要悪」の視点を持つことで、初めて悩みや苦しみから解放される**の

第4章 神道から生まれたゼロポイント・アプローチ
――最高のマントラでワープする

です。

それを**「現代の表現」で伝えているのが日本の神道から生まれたゼロポイント・アプローチの哲学**なのです。

さらには、日本の神道は、キリスト教やイスラム教など他の宗教とも違い、「経典」というものが存在しません。

要するに、神道には「こうしなさい」とか「こうあるべき」という「教え」が存在せず、古事記の神々たちが手を繋いで踊ったというような、「楽しさ」を基本に置いた哲学的思想なのです。

この善（＋）だけでなく悪（－）をも包含した意識の桃源郷が、ゼロ（０）という概念です。

そして、この「ゼロの教えを基盤とする」のがゼロポイント・アプローチなのです。

最後に、そんなゼロポイントの考え方を共有する

神様のサポートが得られる最高のマントラをあなただけにお伝えしておきたいと思います。

「可能性の扉（心の天岩戸(あまのいわと)）」を開く最高のマントラ

　それは、**「可能性の扉（心の天岩戸）を開くマントラ」として、身体のエネルギーセンターを活性化させる呪文**です。

　わたしたちの身体は、エネルギーセンターを活性化させると周波数が上昇し、3Dスケーリングを行うと無色透明化していくことがわかっています。

　この呪文は、わたしがゼロポイント・アプローチを編み出す際に、最初に出てこられた神様であるアマノイワトワケの神にご活躍いただく呪文です。

この呪文を唱えることで、あなたの可能性の扉（心の天岩戸）は開きはじめ、人生を生きやすくなることでしょう。

呪文の使い方のステップは次のとおりです。

STEP ① 身体のどこに"心にひっかかること"があるかを見つける

今、何か心にひっかかっていることはありますか？
その場合、その心にひっかかることが身体のどこにあるかを3Dスケーリングで見つけてみましょう。
ここでは、胸の当たりの位置に"黒くもやもやした感じ"があると仮定します。

STEP ② 手印を組む

イラストのように手印を組みます（このステップはカットすることもできます）

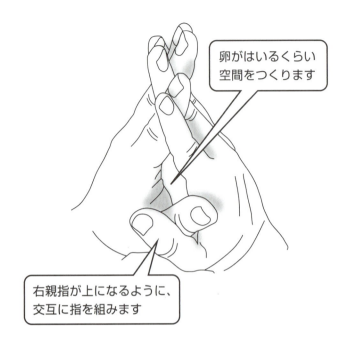

卵がはいるくらい空間をつくります

右親指が上になるように、交互に指を組みます

STEP ③ 呪文を5回唱える

アマノイワトワケの神様に、心にひっかかりを感じている身体の場所（エネルギーセンター）を伝え、次の呪文を唱えます。

例①　胸がもやもやしているので、胸のエネルギーセンターを開きたい場合は次のように唱えます。

第4章 ● 神道から生まれたゼロポイント・アプローチ
――最高のマントラでワープする

「ア・マ・ノ・イ・ワ・ト・ワ・ケ、わたしの 胸 の天岩戸(あまのいわと)が開きました。感謝します。感謝します。感謝します。」

×5回

※□の中に、身体のパーツを入れてください

このとき、呪文を唱えている際には天岩戸が開いているところをイメージ（観想）すると、さらに効果的です。
　たとえば、胸のエネルギーセンターを開く場合は、胸の部分に天岩戸があり、その天岩戸が開くところをイメージ（観想）するのもおすすめです。

　このアマノイワトワケの神様は、わけへだてない平和な世界を創っていく神様ですが、個人にとっては、心の天岩戸を開き心の重荷を取り除いてくれる神様です。
　さらに、今まであなたの中に隠れていた才能を開花させてくれる神様でもあります。

　あなたの心の天岩戸を開くことで、あなたの人生の可能性は最大限に開かれることでしょう。

　人生に重苦しさや息苦しさを感じたときには、ぜひ、このアマノイワトワケの神様の呪文を唱えてみてください。
　アマノイワトワケの神様があなたの側に来てくださり、最大限にサポートしてくださることでしょう。

第4章 ● 神道から生まれたゼロポイント・アプローチ ●
――最高のマントラでワープする

おわりに

日本人であること

わたしたち日本人の精神文化には神社などで知られる神道があります。

神道は不思議な特徴を持つ信仰だと言われています。

本書でも触れましたが、宗教として成立するための3条件だといわれる①教義（戒律）、②経典、③教祖が神道にはありません。

また日本の神様は、西洋の神様である「God」とは違います。

西洋の神様である「God」は、人間、自然との関係を、God → Human → Nature と神を一番上に置いたヒエラルキーとして明確な上下関係として位置づけています。そのことから自然を神様と人間よりも下に位置するもの

としています。

　そういう発想から、西洋では無意識に自然保護という考え方が出てきたのかもしれませんが、日本の神道の場合は違います。

　神道は、すべての存在の中に神が宿り、我々は自然の一部であって自然をコントロールする立場にはない、という考え方をとっています。

　これが日本人の自然観であり、神様観です。

　つまり日本人にとっての「Kami」とは外国人にとっての「God」ではなく、時に精霊である「Diety」や精神という意味の「Spirit」に近い感覚の存在と言えます。

　このような特異な感覚を、特に誰からも教えられることなく、体感的に理解している民族がわたしたち日本人です。

　さらにこの感覚を持ち、一部族などではなく、天皇みずからが八万にもおよぶ神社の神主(かんぬし)として皇室を中心に国全体として、その信仰形態が太古より続いているも

のは「日本国」だけです。

　このように世界中で、たった１％の特異な信仰形態を持つのが日本という国です。

　この日本人が持つ特異な感覚を「ゼロ」という概念を使い、わかりやすく、新しい表現手段で世界に向けて発信しようと、ゼロポイント・アプローチは創られました。

　じつは、この日本人の特異な感覚「ゼロ」は世界平和に貢献できる可能性を秘めています。

　なぜなら世の中にある「争い」とは、つまり「極性の問題（プラスとマイナスのように対立する作用の問題）」だからです。

　この「極性の問題」を解決するのが第三の作用である、無作用の「ゼロ」です。「ゼロ」は「何物でもない」という意味でファジーな存在ではありますが、その「何物でもない」ことにより、プラスとマイナスの対立作用を止めることができる力があります。「力がないからこそ、力がある」という不思議な存在が「ゼロ」なのです。この「ゼロ」のエネルギーが世界にひろがることで世界は

おわりに

平和になる可能性があります。

　この「ゼロ」を伝える哲学がゼロポイント・アプローチです。

　いつか世界中にこの「ゼロの哲学」が広がり、人類が楽しさの中で生きることで、知らず知らずのうちに争いの火種が未然に防がれる日がきますことを夢見て、ゼロポイント・アプローチをこれまで創りあげてきました。

　このような意図があることは、今まで一度も表立ってお話したことはなかったのですが、あなただけに、このことをお伝えしたいと思い、ここに記しました。

　そういう意味において、わたしにとってゼロポイント・アプローチは、「日本の神様から世界人類に手渡してほしいと依頼されたリレーのバトンのような存在」です。また「日本の神様との約束」とも呼べるものです。

『悟る技術』（ヒカルランド刊）では、人生をゲームとして表現しましたが、この「日本の神様との約束」は、わたしの人生にとっての1つのゲームとなっています。

深刻になるほどの使命感はありませんが、1つの楽しいゲームとして、もう10年以上にわたって取り組んでいる壮大なゲームです。

　じつは、このゲームの難しいところは、わたし一人では何もできないということです。あなたのサポートがなければ、このゲームはまったくと言っていいほどクリアできそうにありません。

　そこで、あなたにお願いがあります。

　あなたも、この「日本発世界へ」に向けた「ゼロの哲学」をひろめるゲームに参加していただけませんでしょうか。

　あなたのお友達に、本書に書かれている「ゼロの哲学」を伝えてあげてほしいのです。あなたのブログやツイッターなど、どんな形でもいいので、ご協力いただければありがたいです。

　また日本以外の国にお友達がおられる方は、この本の存在を教えてあげて下さい。世界中の方に、この日本発の「ゼロの哲学」のエッセンスを伝えるサポートをお願

おわりに

いします。

　わたしたち日本人は、こぶしを振り上げるような過激な活動は好みませんが、本書の太古から伝わる日本の「ゼロの哲学」を楽しさをもって世界中に伝えることで人類に貢献できる可能性があります。

　そんな可能性に賭ける奇想天外な「日本発世界へ」のゲームにあなたもご参加いただけるなら、とても嬉しく思います。

　本書が、あなたの人生に貢献し、そして世界中の方の人生に貢献できますことを心からお祈り申し上げ、筆を置きたいと思います。

　この度は、本書をお読みいただき誠にありがとうございました。

　また、お会い出来る日まで、ごきげんよう。

2019年2月4日　橋本陽輔

【参考文献】

- 『BASHAR 2006 バシャールが語る魂のブループリント』
  (ダリル・アンカ／バシャール) VOICE

- 『未来は、えらべる！』(ダリル・アンカ／本田健) VOICE

- 『バシャールのワクワクの使い方・実践篇』
  (ダリル・アンカ／本田健) VOICE

- 『人生に奇跡を起こすバシャール名言集』
  (ダリル・アンカ／本田健) VOICE

- 『≪完全版≫悟る技術』(橋本陽輔) ヒカルランド

- 『心の周波数、上昇中♪』(橋本陽輔)
  トータルヘルスデザイン

- 『お伊勢さんに秘められたゼロの教え』(橋本陽輔)
  トータルヘルスデザイン

- 『ぐっすり眠れるピンク色の魔法』(橋本陽輔) 自由国民社

- 『ピンク色のすごい魔法』(橋本陽輔) ヒカルランド

- 『魔法の指先タッピング』(横田紗知世) サンマーク出版

- 『ゆほびか』2018年2月号
  (自律神経ケア特集　ピンク色の体験談) マキノ出版

- 『ゆほびか』2007年3月号
  (エナジータッピング体験談) マキノ出版

Profile

橋本陽輔
(はしもと・ようすけ)

ゼロポイント・アプローチ創始者。八戸市出身。心理学・ビジネス・スピリチュアルの3つの側面から「人間が幸せになるメカニズム」を研究し、「ゼロポイント・アプローチ」を開発する。これまで売上に悩む経営者、不登校児を持つ親、仕事が決まらないフリーターをはじめ、両親との確執、病気の苦しみ、結婚できない悩み等々、さまざまな人生の課題に「ゼロポイント・アプローチ」を使い成果を上げる。その評判を聞きつけた延べ1万人以上のクライアントとともに成果を分かちあう。主な著書に、『ぐっすり眠れるピンク色の魔法』(自由国民社)『≪完全版≫悟る技術』(ヒカルランド)、『ピンク色のすごい魔法』(ヒカルランド)、監修書に『魔法の指先タッピング(サンマーク出版)』がある。

○個人HP：http://www.e-tap.jp
 (※こちらのサイトから橋本陽輔のメルマガ≪エナタビ通信≫をご登録いただけます)
○日本ゼロポイント・アプローチ協会HP：
 http://zeropointapproach.com

Profile
(イラスト) ひぐらしカンナ

平成7年講談社新人賞受賞でデビュー。平日漫画家、休日は神社の巫女として神楽を舞う。作品に『オギャーの花道！』(主婦の友社)、『とんでも不思議watcher』①②(竹書房)、『ゆうたん』『ばけたん』『かいたん』取材ルポ3部作(みなみ出版)、『看取りのお医者さん』(KADOKAWA)他、著書多数。現在は、webで『不思議≪サマ≫とお喋り。』(KADOKAWA)を連載中。好きなものは美味しいものを作ること、霊山巡り、登山、観葉植物、ヨガと瞑想、オカメインコ、静かな一日、夜明けの空気。

○ひぐらしカンナオフィシャルサイト 『つれづれなるままにひぐらし』
 http://kanna-jp.com

パラレル・ワールド移動メソッド
ゼロポイントマジック
1分で人生が変わる

2019 年 4 月 15 日	第 1 版第 1 刷発行
2023 年 7 月 29 日	第 1 版第 4 刷発行

著 者　　橋本陽輔

プロデュース　　山本時嗣

イラスト　　ひぐらしカンナ

編 集　　西元啓子
デザイン　　小山悠太（koyama@einband.net）

発行者　　大森浩司
発行所　　株式会社 ヴォイス　出版事業部
　　　　　〒106-0031
　　　　　東京都港区西麻布 3-24-17 広瀬ビル
　　　　　☎ 03-5474-5777（代表）
　　　　　📠 03-5411-1939
　　　　　www.voice-inc.co.jp

印刷・製本　　株式会社光邦

©2019 Yousuke Hashimoto, Printed in Japan
ISBN978-4-89976-492-2
禁無断転載・複製